Harald Paulus
Michael Wollenberg

ALLES FISCH!

Die neue Fischküche

EDEL

ZWEI FREUNDE – EIN LOKAL

Es gibt Zufälle, die sind vielleicht gar keine. Fast zwei Jahre hatten Gastronom Michael Wollenberg und Koch Harald Paulus vergeblich einen geeigneten Standort für ihr geplantes Fischrestaurant gesucht. Denn Harald Paulus wollte sich gern selbstständig machen; nach zwanzig Jahren Schufterei für andere wollte er seinen Traum vom eigenen Lokal unbedingt verwirklichen. Und dann fanden sie in Hamburg-Langenhorn ihr Traumlokal. Und machten aus ihrem Traum mit dem Marlin eines der besten Fischrestaurants Norddeutschlands

– Hunderte Gäste pro Tag sprechen eine klare Sprache. Ohne Übertreibung ist den beiden mit diesem schönen Lokal der große Wurf gelungen, und das innerhalb weniger Monate. Doch zuvor hatte Paulus einen langen Weg als Küchenchef bedeutender Restaurants hinter sich. Begonnen hatte er 1989 als Fischkoch in Jörg Müllers Restaurant auf Sylt. „Eine tolle Zeit", erinnert sich der gebürtige Rheinländer, „Jörg weckte in mir das Interesse für Fisch!" Weiter ging es dann zu Dieter Kaufmann in die Traube, über das Schlosshotel

Friedrichsruhe in den Traditionstempel Landhaus Scherrer an der Hamburger Elbchaussee, später weiter ins Waldhaus Reinbek bei Hamburg.

Trotz dieser turbulenten Streifzüge fand Paulus, eine Seele von bekennendem Familienmensch, immer noch Zeit, sich um seine Frau Bianka und die Kinder zu kümmern – Jeremy, der Älteste („Ich habe einen Angelschein – Papa nicht!"), die Zwillinge Lea und Max (Lieblingsgericht Fischstäbchen). Paulus:

„Meine Frau hält mir den Rücken frei und ist meine beste Kritikerin!"

Inzwischen hatte Michael Wollenberg, in den 1980ern mehrfach mit dem Bocuse d'Or als bester Fischkoch Europas ausgezeichnet, sein gleichnamiges Restaurant in der legendären Ex-Insel-Villa an der Hamburger Außenalster eröffnet und holte Harald Paulus als Küchenchef. Wenig später erhielten sie einen Michelin-Stern. Das ist inzwischen Hamburger Gastro-Geschichte. Michael Wollenberg eröffnete Anfang 2005 das Wattkorn in Langenhorn.

Spezialisiert auf Wild schlug das Lokal wie eine Bombe in das beschauliche Langenhorn ein. Seit Eröffnung „brummt" das Lokal. Dank des sehr durchdachten Konzepts von Michael Wollenberg kann hier wieder bürgerliche Küche in seiner besten Form genossen werden. Mit der Einrichtung mit vielen Jagdobjekten konnte sich Waidmann Wollenberg einen lang gehegten Wunsch erfüllen. Aber die Liebe zum Fisch verließ Wollenberg nie.

2009 holte er Harald Paulus in die Küchenleitung vom Wattkorn. In intensiven Gesprächen bauten sie sich ein fiktives Fischlokal zusammen.
„Wir wollten eine unkomplizierte, preisgünstige Fischküche für jedermann anbieten", erinnert sich Paulus, „und zwar in guter Qualität!" Das ist ihnen gelungen. Und auch Fischfreund Wollenberg konnte seinen Hang zum Maritimen voll ausleben:
An der Decke des Marlin hängen diverse Fische, alle auf Hochseetouren – Big Game Fishing – erbeutet. Jetzt denkt Michael Wollenberg darüber nach, wo er seine Tiertrophäen von den vielen Afrika-Safaris unterbringen kann. Hamburgs Gäste können sich wohl auf eine afrikanische Überraschung gefasst machen ...

Henning Seehusen, Herausgeber

Die Weinempfehlungen stammen von Restaurantleiter Dirk Siedentop.

DAS MARLIN-MENÜ

ALLES BASTA: PASTA

EINE REISE DURCHS MITTELMEER

KÖNIGE DER MEERE

ALLES KRUSTIG

HATE FISH

NORDDEUTSCHE GERICHTE

DESSERT

ZUM SCHLUSS

SUPPEN
UND VORSPEISEN

AUSTERN

ZUTATEN

Für 4 Personen

24 Austern
2 Zitronen, halbiert
nach Wunsch Queller oder
Tang zum Dekorieren

1   Kettenhandschuh für die
linke Hand oder ein Geschirrtuch fest um den linken Hand-
ballen wickeln. Auster in die
linke Hand legen.
Auster öffnen, indem man mit
der Spitze des Austernmessers
in das sogenannte Schloss
oder die Spitze der Auster
bohrt. Die Messerspitze bis
zum Anschlag schieben, dann
das Messer nach rechts zum
Schließmuskel führen und ihn
durchschneiden. Austern-
deckel anheben und restliches
Muskelfleisch vom
Deckel trennen. Bis zum end-
gültigen Verzehr den Deckel
auf der Auster lassen. Vorsichtig die Austern auf einer Platte
oder einem Teller platzieren,
damit das Austernwasser nicht
verloren geht.

2   Zum Austerngenuss einen
Spritzer Zitrone auf die Auster
geben, die untere Austernscha-
le an die Unterlippe setzen
und die Auster nicht zu laut
einschlürfen.

AUSTERNSORTEN:

Die Sylter Royal Austern sind
eine sichere Adresse. Ganz
schlaue Austernfreunde
suchen sich im Sylter Wat-
tenmeer vor List die Austern
selber, denn dort wachsen sie
inzwischen wild. Aber bitte vor
Ort erkundigen, ob die stren-
gen Wattenmeerschutzverord-
nungen das erlauben.
Auch zu empfehlen: irische
Donegal, etwas günstiger im
Preis. Drei Viertel des hiesigen
Austernverzehrs entfällt auf
die französischen Fines de
Claires.

DAZU PASST EIN

Champagner
Apanage Brut
Pommery

ERBS-MINZE-SÜPPCHEN

MIT LACHSSTREIFEN

ZUTATEN

Für 4 Personen

200 g grüne TK-Erbsen
80 g Sahne
200 ml Fond
6–8 Minzeblättchen
Salz
1–2 Scheiben Räucherlachs
4 Zuckerschoten nach Wunsch

Erbsen auftauen lassen. Minzeblättchen abspülen, trocken tupfen, vier Blättchen beiseitelegen. Restliche Minzeblättchen, Erbsen, Sahne und Fond im Mixer fein pürieren. Mit Salz abschmecken. Kurz in einem Topf erhitzen, dann mit dem Pürierstab aufschäumen und in vier Gläser füllen.

Süppchen mit Streifen vom Räucherlachs, Minzeblättchen und nach Wunsch mit sehr fein geschnittenen Zuckerschoten servieren.

BOUILLABAISSE

ZUTATEN

Für 4 Personen

2 große Möhren
1 große Zwiebel
1 kleine Knolle Sellerie
1 Stange Lauch
200 g Garnelen (roh, mit Kopf
und Schale oder 1 Hummer)
Olivenöl zum Braten
3 Knoblauchzehen, geschält
1 Prise Kümmel
5 Pfefferkörner
1 Lorbeerblatt
2 EL Pernod
2 Tomaten, halbiert
2 EL Tomatenmark
100 ml Weißwein
500 ml Fischfond,
siehe Seite 142
50 ml trockener Sherry
200 g Fischfilet
(z. B. Seeteufel, Lachs,
Loup de mer, in grobe
Würfel geschnitten)
Salz, Pfeffer
frittierter Rucola und Chilifäden zum Garnieren
Sauce Rouille

1   Hälfte des Gemüses in ca. 1 cm große Würfel, Rest in feine Streifen schneiden, diese beiseitestellen.

2   Garnelen schälen, Kopf und Schale in heißem Olivenöl in einem Topf unter Rühren anrösten. Sollte Hummer verwendet werden: Hummer in reichlich kochendem Salzwasser abkochen (pro 100 g 2 Minuten), auslösen und die Schalen in heißem Olivenöl anrösten.

3   Knoblauch, gewürfeltes Gemüse, Gewürze, Pernod und Tomaten zu den Schalen geben und alles etwas mit anschwitzen, nun Tomatenmark zugeben und ebenfalls mit anschwitzen.

4   Alles mit Weißwein, Fischfond und Sherry ablöschen und ca. 30 Minuten ganz leicht köcheln lassen. Durch ein feines Sieb passieren, erneut aufkochen, eventuell abschäumen.

5   Fischfilet, Garnelen oder Hummer und Gemüsestreifen zugeben, alles ca. 3 Minuten leicht köcheln lassen. Abschmecken.

Bouillabaisse portionsweise auf tiefen Tellern verteilen, mit frittiertem Rucola und Chilifäden garnieren.

Dazu passt geröstetes Baguette und Sauce Rouille.

SYLTER
FISCHSUPPE

ZUTATEN

Für 4 Personen

1 Lorbeerblatt
5 Wacholderbeeren
5 Pfefferkörner
2 Nelken
2 Thymianzweige
500 ml Weißwein
100 g gewürfelte Zwiebeln
1 Msp. gehackter Knoblauch
Öl zum Anschwitzen
je ½ TL English Curry und
Indian Curry
300 ml Fischfond,
siehe Seite 142
300 ml Sahne
1 Msp. Paprikapulver
1 Msp. Kurkuma
einige Tropfen Tabasco
Salz
20 kleine Scampi (roh, ohne
Schale und Kopf, entdarmt)
200 g Gemüsestreifen
(Möhre, Lauch, Sellerie,
in Salzwasser blanchiert)
Saft von ½ Zitrone
frittierter Rucola
Chilifäden
weiße und schwarze
Sesamsamen

1   Lorbeerblatt, Wacholderbeeren, Pfefferkörner, Nelken und Thymian mit 100 ml Weißwein auf die Hälfte einkochen lassen. Diese Gewürzreduktion durch ein Sieb passieren.

2   Zwiebel und Knoblauch in heißem Öl in einem Topf mit den Currysorten anschwitzen, mit der Reduktion und dem restlichen Weißwein ablöschen. Alles auf die Hälfte einkochen. Dann mit dem Fischfond und der Sahne auffüllen.
Mit Paprikapulver, Kurkuma, Tabasco und Salz abschmecken.

3   Scampi grob würfeln und in die Suppe geben. Mit etwas Zitronensaft abschmecken.

4   Die Gemüsestreifen kurz erwärmen, portionsweise auf tiefen Tellern verteilen. Suppe daraufgeben.

Mit frittiertem Rucola, Chilifäden und Sesam garnieren.

MATJESVARIATIONEN

ZUTATEN

Für 4 Personen

Mit Sahne-Meerrettich:
2 Matjesfilets natur
4 EL Sahne-Meerrettich
4 TL Lachskaviar
2 Kirschtomaten, halbiert
einige Rucolablättchen

Matjesfilets halbieren, in
vier Schälchen geben, je 1 EL
Sahne-Meerrettich und 1 TL
Kaviar dazugeben. Mit Tomatenhälften und Rucolablättchen garnieren.

Mit Petersilie:
2 geräucherte Matjesfilets
einige glatte Petersilien-
blättchen

Geräucherte Matjesfilets
halbieren und mit Petersili-
enblättchen auf vier kleine
Schälchen verteilen.

Für das Tatar:
2 Matjesfilets natur
1 kleine Zwiebel, sehr
fein gehackt
Schnittlauchröllchen
½ TL gehackter grüner Pfeffer
1 EL Gurkenwürfel
1 Schuss Olivenöl.
1 Schuss Aquavit
nach Geschmack Crème
fraîche und etwas
Fliegenfischkaviar (Rogen)
Gartenkresse

Matjesfilets mit dem Messer
fein hacken. Mit Zwiebel,
Schnittlauch, Pfeffer, Gurken-
würfeln, Olivenöl und Aquavit
gut vermischen. Vier Nocken
formen und auf vier Esslöf-
feln anrichten. Nach Wunsch
mit etwas Crème fraîche und
Kaviar garnieren. Mit Kresse
bestreuen.

Mit Krabben:
2 Kräutermatjesfilets
4 EL Büsumer Krabbenfleisch
4 Radieschen, in feinen Stiften

Kräutermatjes halbieren und
auf vier Schälchen verteilen.
Mit Krabben und Radieschen-
streifen dekorieren.

RÄUCHERAAL

AUF RÜHREI UND SCHWARZBROT

ZUTATEN

Für 4 Personen

Für das Brot:
4 quadratische Schwarz-
brotscheiben
Butter zum Braten
300 g Räucheraalfilet

Für das Rührei:
3 Eier
2 EL Sahne
Salz, Pfeffer
Butter zum Braten
Gartenkresse
frisch geriebener Meerrettich
Sahne-Meerrettich
(aus dem Glas)

1   Schwarzbrotscheiben halbieren und in Butter knusprig
anbraten.

2   Räucheraalfilet so in
Stücke schneiden, dass sie der
Brotscheibenlänge entspre-
chen.

3   Eier und Sahne in einer
Schüssel schaumig aufschlagen. Mit Salz und Pfeffer
würzen. Eine Pfanne erhitzen,
etwas Butter kurz darin aufschäumen und die Eiermasse
hineingeben. Etwas gehackte
Kresse darüberstreuen. Rührei
so lange braten, bis es eine feste, aber saftige Konsistenz hat.

4   In der Pfanne das Rührei
so abstechen, dass es auf eine
Schwarzbrotscheibenhälfte
passt und so daraufsetzen.

5   Vorbereitete Räucheraalfi-
let-Stücke darauflegen und mit
frisch geriebenem Meerrettich
bestreuen. Je zwei auf einen
Teller setzen. Mit Streifen von
Sahne-Meerrettich und etwas
Kresse garnieren.

Wichtig: Räucheraal bei Zim-
mertemperatur servieren.

BURRATA

MIT TOMATEN UND SARDELLEN

ZUTATEN

Für 4 Personen

3 große, reife tiefrote Tomaten
(z. B. Ochsenherztomaten)
1 Packung Burrata-Mozzarella
1 kleines Glas Sardellenfilets
gutes Olivenöl zum Beträufeln
einige Basilikumblättchen
50 g gehackte, getrocknete
Tomaten
Chilifäden
Salz
Pfeffer

Tomaten waschen, in Scheiben schneiden. Mozzarella in nicht zu dünne Scheiben schneiden. Tomatenscheiben portionsweise auf einer kleinen Platte oder einem Brett anrichten.

Mozzarellascheiben und abgetropfte Sardellenfilets nach Geschmack darauflegen. Alles mit Olivenöl beträufeln und mit getrockneten Tomaten, Chilifäden und Basilikum garnieren. Mit Salz und Pfeffer abschmecken.

MAGURO-SALAT

ZUTATEN

Für 4 Personen

600 g Thunfischfilet
(Sushiqualität)
1 reife Avocado
1 EL Fliegenfischkaviar, Tobiko
125 g Crème fraîche
Salz
Wasabi-Paste (japanischer
grüner Meerrettich aus dem
Asialaden) nach Geschmack
Pfeffer
1 Möhre
1 kleiner Daikon-Rettich
4 TL Schnittlauchröllchen
fein gehobelte Gurken-
scheiben
Chilisauce

1   Thunfischfilet waschen, trocken tupfen und in ca. 1 cm große Würfel schneiden.

2   Avocado halbieren, Stein entfernen, Hälften schälen, Fruchtfleisch ebenfalls in ca. 1 cm große Würfel schneiden. Beides mit Tobiko mischen.

3   Crème fraîche mit Salz und Wasabi nach Geschmack glatt rühren, abschmecken.

4   Etwas davon unter den vorbereiteten Magurosalat mischen, alles mit Salz und Pfeffer abschmecken.

5   Möhre und Rettich schälen, in feine Streifen raspeln (hobeln). Magurosalat mithilfe eines Vorspeisenringes portionsweise auf Tellern anrichten.

6   Mit Möhren- und Rettichstreifen und etwas Schnittlauch garnieren. Mit Gurkenscheiben, restlicher Crème fraîche-Creme (mit etwas Chilisauce garniert), Schnittlauch und noch etwas Tobiko servieren.

FRISCH
AUS DER PFANNE

BARSCH

AUF FRITTIERTEM SPINAT

ZUTATEN

Für 4 Personen

4 Barschfilets à 150 g
Mehl zum Wenden
1 TL Paprikapulver
Rapsöl zum Braten
Salz, Pfeffer
250 g frischer Spinat,
gewaschen, geputzt, in
Streifen geschnitten
Pflanzenöl zum Frittieren

1 kleine Zwiebel (gehackt)
1 Knoblauchzehe (zerdrückt)
Butter zum Andünsten
frisch geriebener Meerrettich

1   Filets waschen, trocken
tupfen und in Paprikamehl
wenden. In heißem Rapsöl in
einer Pfanne von den beiden
Seiten max. 4 Minuten braten.
Salzen, pfeffern.

2   Spinatblätter in heißem
Pflanzenöl frittieren. Herausheben, auf Küchenpapier
abtropfen lassen.

3   Zwiebel und Knoblauch
in Butter anschwitzen, dann
den Spinat kurz mit anziehen
lassen. Mit Salz und Pfeffer
abschmecken.
Barschfilets auf Spinat portionsweise anrichten. Mit geriebenem Meerrettich servieren.

KABELJAU
MIT COUSCOUS

ZUTATEN

Für 4 Personen

Für das Couscous:
1 Zwiebel, gehackt
1 Knoblauchzehe, gehackt
2 EL rote Paprikawürfel
Olivenöl zum Braten
200 g Couscous
250 ml Gemüsebrühe
Kreuzkümmel
Kurkuma
Salz, Pfeffer
1 EL Schnittlauchröllchen

Außerdem:
4 Kabeljaufilets à 150 g
Rapsöl zum Braten
Salz, Pfeffer
Balsamico-Creme

1 Gemüse in heißem Olivenöl im Topf kurz andünsten. Couscous zugeben, Gemüsebrühe unter Rühren zugießen. Mit Kreuzkümmel, Kurkuma, Salz und Pfeffer abschmecken, ca. 10 Minuten quellen lassen. Schnittlauch zugeben.

2 Fischfilets waschen, trocken tupfen. In heißem Rapsöl in einer Pfanne von jeder Seite max. 3 Minuten braten. Salzen und pfeffern.

3 Portionsweise mit dem Couscous auf Tellern anrichten. Mit Balsamico-Creme servieren.

LACHS

MIT GURKEN-KARTOFFELSTAMPF

ZUTATEN

Für 4 Personen

600 g mehligkochende
Kartoffeln
100 g Gurkensalat,
siehe Seite 126
2 EL Crème fraîche
Salz, Pfeffer
4 Lachsfilets à 150 g
Mehl zum Wenden
Butter zum Braten
frisch geriebener Meerrettich

1 Kartoffeln in der Schale
weich kochen, pellen und
zweimal durch die Kartoffel-
presse geben. Gurkensalat und
Crème fraîche unterheben, mit
Salz und Pfeffer abschmecken.

2 Fischfilets waschen,
trocken tupfen und in Mehl
wenden. Vorsichtig in heißer
Butter in einer Pfanne von jeder Seite ca. 3 Minuten braten.
Salzen, pfeffern.

3 Lachsfilets portionsweise
auf Gurken-Kartoffelstampf
anrichten. Mit geriebenem
Meerrettich servieren.
Dazu passt eine Cognac-Sauce.

DAZU PASST EIN

2008
Riesling „Hölle"
1. Gewächs
Weingut Künstler,
Rheingau

LIMANDES

MIT KOHLRABI UND FRITTIERTEM RUCOLA

ZUTATEN

Für 4 Personen

2 Kohlrabis
Butter zum Braten
1 kleine Zwiebel, fein gehackt
Salz, Pfeffer, Muskat
1 EL Zucker
4 Limandes-Filets à 150 g
Mehl zum Wenden
Rapsöl zum Braten
50 g Rucola, geputzt,
in Streifen geschnitten
Pflanzenöl zum Fritieren
frisch geriebener Meerrettich

1   Von den Kohlrabis die kleinen grüne Triebe auf der Oberseite abschneiden und fein hacken. Kohlrabis schälen und in kleine Würfel schneiden. In heißer Butter im Topf mit Zwiebelwürfeln anschwitzen. Mit Salz, Pfeffer, Muskat und Zucker würzen, zugedeckt ca. 8 Minuten dünsten, eventuell noch etwas Fond oder Brühe angießen. Kohlrabigrün zugeben, abschmecken.

2   Fischfilets waschen, trocken tupfen und in Mehl wenden. In heißem Rapsöl in einer Pfanne von jeder Seite ca. 2 Minuten braten. Salzen, pfeffern und warm stellen. Rucola in heißem Pflanzenöl fritieren. Herausheben, auf Küchenpapier abtropfen lassen.

3   Fischfilets portionsweise mit Kohlrabi anrichten. Mit Rucola und geriebenem Meerrettich garnieren. Dazu passt eine Senfsauce.

ROTBARSCH

AUF WOK-GEMÜSE

ZUTATEN

Für 4 Personen

Für das Gemüse:
100 g Weißkohlstreifen
100 g Möhrenstreifen
50 g Selleriestreifen
100 g Zuckererbsen, schräg in
Streifen geschnitten
50 g rote Zwiebelstreifen
100 g rote Paprikastreifen
Rapsöl zum Braten
1 TL Sesamöl
Salz, Pfeffer

100 ml scharfe Chilisauce
(im Asialaden erhältlich)
1 EL geröstete Sesamsamen

Außerdem:
600 g Rotbarschfilet
Mehl zum Wenden
Salz, Pfeffer
Chilifäden

1 Gemüse in heißem Rapsöl
in einer Pfanne (Wokpfanne)
unter Rühren kräftig anbraten,
dann unter Rühren bissfest ga-

ren. Mit Sesamöl, Salz, Pfeffer
und Chilisauce abschmecken.
Mit Sesam bestreuen.

2 Fischfilet waschen und
trocken tupfen und in 4 Porti-
onsstücke schneiden. In Mehl
wenden und in heißem Rapsöl
von jeder Seite 3–4 Minuten
braten. Salzen und pfeffern.

3 Fischfiletstücke portionsweise auf dem Wokgemüse
anrichten. Mit Chilifäden
servieren.

SCHOLLE

KLASSISCH MIT KARTOFFELSALAT

ZUTATEN

Für 4 Personen

Für den Kartoffelsalat:
400 g festkochende Kartoffeln
1 kleine Zwiebel, gewürfelt
2 Gewürzgurken, gewürfelt
3 EL Gurkenwasser
100 g Mayonnaise
1 EL mittelscharfer Senf
50 g Magermilchjoghurt
Salz, Pfeffer
1 Prise Zucker

Außerdem:
3 EL gewürfelter Bauchspeck
4 Schollenfilets
Mehl zum Wenden
Rapsöl zum Braten
glatte Petersilie
Frühlingszwiebeln, in Ringe
geschnitten
Zitrone

1   Kartoffeln mit der Schale
gar kochen. Kartoffeln pellen
und in Scheiben schneiden.
Restliche Zutaten für den Salat
verrühren, Kartoffeln zugeben,
abschmecken.

2   Durchwachsenen Speck in
einer Pfanne auslassen. Herausnehmen, beiseitestellen.
Schollenfilets waschen,
trocken tupfen und in Mehl
wenden. In heißem Rapsöl
von jeder Seite ca. 2 Minuten
braten.

3   Die Filets auf Teller geben,
mit Speckwürfeln bestreuen.
Mit Salat anrichten. Mit Peter-
silienblättchen und Frühlings-
zwiebelringen garnieren.
Mit Zitrone servieren. Dazu
passt eine Remouladensauce
(siehe Seite 142).

STEINBEISSER MIT RATATOUILLE UND PESTO

ZUTATEN

Für 4 Personen

Für das Pesto:
125 ml Olivenöl
200 g frische Basilikumblätter
100 g frischer Blattspinat,
gewaschen, geputzt
50 g Pinienkerne
1 Knoblauchzehe, gehackt
50 g frisch geriebener
Parmesan
Salz, Pfeffer

Für das Ratatouille-Gemüse:
1 Zwiebel, gehackt
2 Knoblauchzehen, gehackt
Olivenöl zum Braten
100 g Paprikawürfel
100 g Zucchiniwürfel
100 g Auberginenwürfel
300 ml Tomatensugo

Thymianzweige nach
Geschmack
Salz, Pfeffer

Außerdem:
4 Steinbeißerfilets à 150 g
Mehl zum Wenden
Rapsöl zum Braten
Salz, Pfeffer

1 Für das Pesto Öl, Basilikumblätter und Spinat im Mixer pürieren. Restliche Pestozutaten zugeben, kurz mitpürieren. Mit Salz und Pfeffer abschmecken.

2 Für das Ratatouille Zwiebel und Knoblauch in einem Topf in heißem Olivenöl kurz andünsten, dann das restliche Gemüse zugeben und unter Rühren mitdüns-

ten. Alles mit Tomatensugo ablöschen. Thymianzweige zugeben, Gemüse mit Salz und Pfeffer abschmecken.

3 Fischfilets waschen, trocken tupfen und in Mehl wenden. In heißem Rapsöl in einer Pfanne von jeder Seite 3–4 Minuten braten. Salzen und pfeffern.

4 Steinbeißerfilets auf Tellern anrichten. Portionsweise mit Ratatouille servieren. Mit Pesto und Thymian garnieren.

Tipp:
Restliches Pesto in ein dunkles Schraubglas füllen, etwas Olivenöl daraufgeben und im Kühlschrank aufbewahren.

ZANDER

AUF TOMATENRISOTTO

ZUTATEN

Für 4 Personen

Für das Risotto:
2 EL Olivenöl
1 Zwiebel, gehackt
2 Knoblauchzehen, gehackt
150 g Risottoreis
50 ml trockener Weißwein
100 ml Tomatensugo
250 ml heiße Gemüsebrühe
Salz, Pfeffer
1 EL Schnittlauchröllchen
1 EL kalte Butter

Außerdem:
4 Zanderfilets à 150 g
Mehl zum Wenden
Rapsöl zum Braten
Salz, Pfeffer

2 Frühlingszwiebeln, in
Ringe geschnitten
8 Kirschtomaten, halbiert
Butter zum Andünsten
Rosmarinzweige zum
Garnieren

1   Für das Risotto Olivenöl in
einem Topf erhitzen, Zwiebel
und Knoblauch zugeben und
darin unter Rühren glasig
dünsten, Reis zugeben und
unter stetigem Rühren mit
anschwitzen. Alles mit Weißwein ablöschen. Nach und
nach unter Rühren bei schwacher Hitze die Gemüsebrühe
portionsweise zugießen. Zum
Schluss das Tomatensugo
unterrühren.

Der Reis sollte noch Biss
haben. Mit Salz und Pfeffer
abschmecken. Schnittlauch
und Butter unterrühren.

2   Fischfilets waschen,
trocken tupfen und in Mehl
wenden. In heißem Rapsöl in
einer Pfanne von jeder Seite
2–3 Minuten braten. Sal-
zen und pfeffern und warm
stellen. Frühlingszwiebeln in
heißer Butter in einer Pfanne
kurz anschwitzen, Tomaten
zugeben und kurz darin erhitzen, abschmecken.

3   Fischfilets portionsweise
auf dem Risotto anrichten. Mit
Rosmarinzweigen und dem
Tomatengemüse servieren.

DREI
X THAI

THAI-PAPAYASALAT

SCHARF GEWÜRZT

ZUTATEN

Für 4 Personen

800 g grüne Papaya (im
Asialaden erhältlich)
200 g Möhren
2 Knoblauchzehen, geschält
100 g ungesalzene
Erdnusskerne
1–2 rote Chilischoten, entkernt
40 g Schlangenbohnen
(lange grüne Bohnen aus
dem Asialaden, geputzt, fein
geschnitten)
Saft von 1–2 Limetten
Fischsauce und brauner
Zucker nach Geschmack
8 Strauchtomaten, halbiert,
gehobelte Gurkenscheiben
frittierte Wan-Tan-Blätter
zum Garnieren

1   Papaya halbieren, Kerne
entfernen. Papayahälften und
Möhren schälen. Beides in
sehr feine Streifen raspeln
(hobeln).

2   Im großen Mörser Knoblauch, Erdnüsse und Chili
zu einer feinen Paste zer-
mahlen. Papaya, Möhren
und Bohnen zugeben, alles
vermengen.

3   Mit Limettensaft, Fischsauce und braunem Zucker
abschmecken.

4   Tomatenhälften unter-
heben. Mit fein gehobelten
Gurkenscheiben und nach
Wunsch frittierten Wan-Tan-
Blättern garnieren.

THAI-FISCHPLÄTZCHEN

MIT GEMÜSE

ZUTATEN

Für 4 Personen

Für die Fischplätzchen:
500 g Red Snapper-Filet
(ohne Haut)
2 Kaffir-Limettenblätter,
hauchdünn geschnitten
(im Asialaden erhältlich)
40 g Schlangenbohnen
(lange grüne Bohnen aus
dem Asialaden, geputzt,
fein geschnitten)
1 EL rote Currypaste
1 EL Reismehl
2 Eier
Salz
Pflanzenöl zum Frittieren

Für das Gemüse:
50 g brauner Zucker
150 ml Austernsauce
Thai-Erbsenauberginen
Maiskölbchen, längs halbiert
Wasserspinat, gewaschen,
geputzt
Bambussprossen, in feinen
Streifen
Chilisauce, frischer Koriander
und frittierte Reisnudeln zum
Garnieren

FÜR DIE FISCHPLÄTZCHEN

Fischfilet fein hacken. Restliche Zutaten untermengen, salzen und aus der Masse kleinen Frikadelle formen. In heißem Pflanzenöl ausbacken. Warm stellen.

FÜR DAS GEMÜSE

Zucker in der Pfanne oder im Wok karamellisieren, mit der Austernsauce ablösen und das Gemüse darin schwenken. Abschmecken. Portionsweise auf Tellern anrichten und die Fischplätzchen daraufsetzen. Mit frisch gehacktem Koriander und frittierten Reisnudeln servieren. Mit Chilisauce garnieren.

THAI-CURRY PANANG

MIT RINDFLEISCH

ZUTATEN

Für 4 Personen

600 g rohes Roastbeef
100 g ungesalzene
Erdnusskerne
2 EL Panang-Currypaste
(im Asialaden erhältlich)
Erdnussöl zum Braten
1 l Kokomilch
4 Kaffir-Limettenblätter
(im Asialaden erhältlich)
frische grüne Pfefferkörner
8 Maiskölbchen, halbiert
200 g Champignons, halbiert
Fischsauce und brauner
Zucker nach Geschmack
100 g Röstzwiebeln
frischer Koriander

1 Fleisch in dünne Streifen schneiden, mit den Erdnüssen und der Currypaste in heißem Öl so lange unter Rühren anbraten, bis die Paste anfängt zu duften. Mit Kokosmilch abschlöschen und 5 Minuten köcheln lassen.

2 Limettenblätter, Pfefferkörner und das Gemüse zugeben, alles darin ca. 3 Minuten ziehen lassen. Mit Fischsauce und braunem Zucker abschmecken.

3 Portionsweise in tiefen Tellern anrichten, mit den Röstzwiebeln und frisch gehacktem Koriander bestreuen. Dazu Thai-Reis servieren.

SUSHI UND SASHIMI

GEBRATENER

THUN IM SESAMMANTEL

ZUTATEN

Für 4 Personen

300 g frisches Thunfischfilet
im Stück (Filetende
oder Schwanzstück)
50 g geschälte Sesamsamen
etwas schwarzer Sesam
Tomaten und Gurke
zum Dekorieren
Wasabi-Paste (japanischer
grüner Meerrettich aus dem
Asialaden)
Sojasauce

1 Geschälter Sesam in der Pfanne ohne Fett rösten. Auf einen Teller geben, mit etwas schwarzem Sesam mischen und beiseitestellen.

2 Thunfischfilet waschen, trocken tupfen und in einer heißen Pfanne mit etwas Öl max. 2 Minuten von allen Seiten anbraten, das Fleisch muss einen roten Kern behalten.

3 Das noch warme Thunfischfilet sofort im Sesam wenden und quer zur Faser in ca. 1 cm dicke Scheiben schneiden.

4 Thunfischscheiben auf vier Tellern oder Platten verteilen, jeweils mit Tomate und Gurke ganieren. Wasabi und Sojasauce (in kleinen Schälchen) zum Hineintunken der Scheiben dazu reichen.

GREEN ROLL MIT RUCOLA UND SPICY TUNA

REISPAPIERROLLEN

MIT KREBSFLEISCH UND GRÜNEM SPARGEL

ZUTATEN

Für 4 Personen

Für die Green Roll mit Rucola und Spicy Tuna:
4 Blatt Reispapier
(runde, feste hauchdünne
Blätter aus Reismehl)
40 g Rucola
70 g Daikon-Rettich
70 g Möhren
½ rote Paprika
70 g Thunfischfilet
Salz
Chilisauce

Für die Reispapierrollen mit Krebsfleisch und grünem Spargel:
4 Blatt Reispapier
200 g Sushireis
(fertig zubereitet)
8 Stangen Krebsfleisch
(Surimi)
4 Stangen grüner Spargel,
in Salzwasser blanchiert
½ rote Paprika, in Streifen

GREEN ROLL MIT RUCOLA UND SPICY TUNA

1   Rucola waschen, trocken tupfen. Daikon-Rettich und Möhren schälen, in feine Streifen raspeln (hobeln). Paprika in Streifen schneiden.

2   Thunfischfilet waschen, trocken tupfen und fein hacken (Tatar). Mit Salz und Chilisauce nach Geschmack würzen. Paprika in Streifen schneiden.

3   Nacheinander je 1 Blatt Reispapier vollständig für ca. 3 Sekunden in kaltes Wasser tauchen (Packungsanweisung beachten). Das nasse Reispapier abtropfen lassen und für einige Sekunden auf der Arbeitsfläche liegend elastisch werden lassen.

4   Vorbereitete Zutaten portionsweise fast mittig auf dem Reisblatt verteilen, straff einrollen, dabei die Seiten rechts und links mit einschlagen. Rollen in Scheiben schneiden.

REISPAPIERROLLEN MIT KREBSFLEISCH UND GRÜNEM SPARGEL

Mit den Reisblättern wie oben verfahren.
Dann die Hälfte des Blattes dünn mit Sushireis belegen. Mittig auf dem Reis nun je 2 Stangen Krebsfleisch, den grünen Spargel und die Paprikastreifen platzieren. Straff einrollen, dabei die Seiten rechts und links mit einschlagen. Rollen in Scheiben schneiden.

NEW YORK

SASHIMI

ZUTATEN

Für 4 Personen

300 g Lachsfilet
200 g Weißfischfilet
(z. B. Zander, Rotbarsch)
Fliegenfischkaviar, Tobiko
200 g Thunfischfilet
8 gekochte Scampi (ausgelöst,
mit Schwanzende)
frisch geriebener Rettich
eingelegter Ingwer
Gurkenscheiben
Daikonkresse nach Wunsch
Sojasauce
Wasabi-Paste (japanischer
grüner Meerrettich aus dem
Asialaden)

1   Vom Lachs- und Weiß-
fischfilet 4 längere Streifen
schneiden und jeweils zur
Rose drehen. Nach Wunsch
mit Kaviar garnieren.

2   Restliches Lachs- und
Thunfischfilet in ca. 5 cm
lange, nicht zu dicke Scheiben
schneiden.

3   Alles mit Scampi auf einer
großen Platte anrichten. Mit
Rettich, Ingwer und Gurken-
scheiben garnieren. Nach
Wunsch mit Kresse dekorie-
ren. Dazu reicht man kleine
Schälchen mit Sojasauce und
Wasabi.

SO WIRD'S GEMACHT:

Man löst etwas Wasabi in der
Sojasauce auf und tunkt die
Fischstücke ein. Dazu isst
man den eingelegten Ingwer.

Das ist der perfekte Fisch-
genuss! Aber: nur frischesten
Fisch verwenden! Dem Fischhändler mitteilen, dass der
Fisch roh verzehrt werden
soll (Sushiqualität).

Verzichten Sie nicht auf
Wasabi und eingelegten
Ingwer, denn diese Zutaten
erleichtern den Verzehr der
Fische, die roh sehr viel
Eiweiß enthalten.

SPICY TUNASALAT

ZUTATEN

Für 4 Personen

Für das Tatar:
600 g Thunfischfilet
(Sushiqualität)
1 EL Fliegenfischkaviar,
Tobiko
Salz
Chilisauce

Außerdem:
½ reife Avocado, geschält und
in feine Streifen geschnitten
4 TL Tobiko
je 2 TL weiße und
schwarze Sesamsamen
fein gehobelte
Gurkenscheiben
etwas Wasabi-Paste (japanischer grüner Meerrettich aus
dem Asialaden)
etwas Gari (dünne Ingwerscheiben in süßem Essig eingelegt, im Asialaden erhältlich)

1   Thunfischfilet waschen, trocken tupfen und fein hacken (Tatar). Mit Tobiko, Salz und Chilisauce nach Geschmack mischen.

2   Tatar portionsweise mithilfe eines Vorspeisenringes auf Tellern oder Platten anrichten. Mit Avocadostreifen, Tobiko und Sesam garnieren.

3   Tunasalat mit Gurkenscheiben, Chilisauce, Wasabi und Gari servieren.

DAZU PASST EIN

2011
Riesling „Butterfly" fruchtig
Weingut Forstmeister
Geltz-Zilliken, Mosel

BIG GAME
FISHING

BARRAMUNDI

AUF WOK-GEMÜSE

ZUTATEN

Für 4 Personen

Für das Gemüse:
100 g Weißkohlstreifen
100 g Möhrenstreifen
50 g Selleriestreifen
100 g Zuckererbsen, schräg
in Streifen geschnitten
50 g rote Zwiebelstreifen
100 g rote Paprikastreifen
Rapsöl zum Braten
1 TL Sesamöl
Salz, Pfeffer
100 ml scharfe Chilisauce
(im Asialaden erhältlich)
1 EL geröstete Sesamsamen

Außerdem:
4 Barramundi-Filets à 300 g
Sonnenblumen- oder
Erdnussöl zum Einreiben

**Für die Blakened-
Gewürzmischung:**
Salz
1 Prise Kreuzkümmel
Paprikapulver
bunte Pfefferkörner, frisch
gemahlen
Cayennepfeffer
getrockneter Thymian

1 Gemüse in heißem Rapsöl in einer Pfanne (Wokpfanne) unter Rühren kräftig anbraten, dann unter Rühren bissfest garen. Mit Sesamöl, Salz, Pfeffer und Chilisauce abschmecken. Mit Sesam bestreuen.

2 Fischfilets waschen, trocken tupfen und mit Sonnenblumen- oder Erdnussöl einreiben. Etwas ruhen lassen.

3 Nach Geschmack und Schärfe die Blakened-Gewürzmischung mischen.

Filets damit einreiben. Auf dem Grill oder in einer Pfanne kräftig grillen (braten): (blakened bedeutet: leicht „geschwärzt")

4 Das Gemüse portionsweise auf Tellern anrichten. Barramundi-Filetstücke daraufsetzen.

Nach Wunsch mit etwas Chilisauce garnieren.

SCHWERTFISCH

MIT GRÜNEM SPARGEL UND ERDBEEREN

ZUTATEN

Für 4 Personen

4 Schwertfischfilets à 300 g
Sonnen- oder Erdnussöl
zum Einreiben

**Für die Blakened-
Gewürzmischung:**
Salz
1 Prise Kreuzkümmel
Paprikapulver
bunte Pfefferkörner, frisch
gemahlen
Cayennepfeffer
getrockneter Thymian

Außerdem:
250 g grüner Spargel
Salz
Butter zum Dünsten
250 g Queller oder Passepierre
Pfeffer, 1 Prise Zucker
150 g frische Erdbeeren,
geputzt und geviertelt
100 g Feldsalat, gewaschen
und geputzt
1 EL geröstete Sesamsamen
Chilifäden
Kartoffelchips

1 Fischfilets waschen, trocken tupfen und mit Sonnenblumen- oder einreiben. Etwas ruhen lassen.

2 Nach Geschmack und Schärfe die Blakened-Gewürzmischung mischen. Filets damit einreiben. Auf dem Grill oder in einer Pfanne von jeder Seite ca. 3-4 Minuten kräftig grillen (braten): (blakened bedeutet: leicht „geschwärzt") Warm stellen.

3 Spargel in kochendem Salzwasser blanchieren, in Eiswasser abschrecken und abtropfen lassen. Schräg in Stücke schneiden.

4 Spargel in heißer Butter in einer Sauteuse kurz anschwitzen. Queller zugeben, ca. 2 Minuten mitdünsten. Mit Salz, Pfeffer und 1 Prise Zucker abschmecken. Sauteuse von der Kochstelle ziehen, Erdbeeren und Feldsalat zugeben.

5 Sofort portionsweise mit den Fischfiletstücken auf Tellern verteilen, mit Sesam, Chilifäden und Kartoffelchips bestreuen.

DAZU PASST EIN

2010
Weißer Burgunder
„Centgrafenberg"
Weingut Rudolph Fürst,
Bürgstadt, Franken

RED SNAPPER

MIT PFANNENGEMÜSE

ZUTATEN

Für 4 Personen

4 Red-Snapper-Filets à 300 g
Sonnenblumen- oder
Erdnussöl zum Einreiben

**Für die Blakened-
Gewürzmischung:**
Salz
1 Prise Kreuzkümmel
Paprikapulver
bunte Pfefferkörner, frisch
gemahlen
Cayennepfeffer
getrockneter Thymian

Für das Pfannengemüse:
3 rote Zwiebel, in Spalten
3 Frühlingszwiebeln,
in Stücken
1 Knoblauchzehe, in
dünnen Scheiben
Olivenöl zum Braten
8 Kirschtomaten, halbiert
Salz, Pfeffer
Chilifäden

1   Fischfilets waschen, trocken tupfen und mit Sonnenblumen- oder Erdnussöl einreiben. Etwas ruhen lassen.

2   Nach Geschmack und Schärfe die Blakened-Gewürzmischung mischen. Filets damit einreiben. Auf dem Grill oder in einer Pfanne von jeder Seite ca. 3 Minuten. kräftig grillen (braten): (Blakened bedeutet: leicht „geschwärzt") Warm stellen.

3   Zwiebelsorten und Knoblauch in heißem Olivenöl in einer Pfanne unter Rühren andünsten. Tomaten zugeben, nur kurz unter Schwenken mit erhitzen, salzen und pfeffern.

4   Zum Servieren Gemüse und Fischfilets portionsweise auf Tellern oder Platten anrichten. Mit Chilifäden garnieren.

BLAUER MARLIN ZEIGT SICH KURZ VOR
DER LANDUNG NOCH EINMAL IN VOLLER
FARBENPRACHT

BIG GAME FISHING

MICHAEL WOLLENBERG UND DER BLAUE MARLIN

MICHAEL WOLLENBERG

BIG-GAME-JACHT

Fast jedes Jahr um die Weihnachtszeit zeigt das Fernsehen den Filmklassiker „Der alte Mann und das Meer". Der Film basiert auf der Novelle des Bestsellerautors Ernest Hemingway, wird jedoch leider in keiner Weise Hemingways Vorlage gerecht. Natürlich, der Film zeigt den epischen Kampf Mann gegen einen monströsen Fisch, kann aber leider dem Zuschauer nicht einmal im Ansatz die Gefühlswelt und die

Denkweise des alten Mannes, Santiago, vermitteln. Der Gourmetkoch Michael Wollenberg ist beileibe kein alter Mann, dennoch verbindet ihn mehr mit Hemingways Santiago, als die meisten sich vorstellen können. Nicht nur, weil er beruflich die feinsten Fische zu den edelsten Leckerbissen für unsere Sinne kreiert, steht er dem Fischer und seinem Fang ganz nahe, sondern weil auch er die Hochseefischerei auf die

HAFENSTADT MINDELO AUF
SAO VINCENTE/KAPVERDEN

ken. Wahrscheinlich wird er Ihnen zuerst ganz allgemein über die Faszination der Meeresfische berichten. Über die großen, ruhelosen Wanderer der Weltmeere. Allen voran über die unzähligen Thunarten und die Goldmakrelen. Über ihre zum Teil opulente Farbenpracht und extremen Formen; ihre individuellen Anpassungen an die verschiedensten Lebensräume; ihre Schnelligkeit, ihre Überlebensstrategien, ihre ausgeklügelten Jagdpraktiken und die Funktionsweise der verschiedensten Habitate. Und irgendwann wird er mit Sicherheit auf die Familie der Schwertträger zu sprechen kommen. Auf Schwertfisch, Speerfisch, Segelfisch, Gestreifter, Schwarzer, Weißer und allen voran natürlich den legendären Blauen Marlin. Er wird Ihnen von seinen Begegnungen mit den Blauen Marlinen berichten.

größten Fische der Welt über alles liebt und sie seit Langem zu seinen Hobbys zählt.

Fragen Sie ihn doch einmal nach den Fischen der Südsee oder noch besser nach dem großen Blauen Marlin aus Hemingways Erzählung! Es werden keine fünf Minuten vergehen, und Sie werden ein Leuchten in seinen Augen bemer-

BLAUER MARLIN VOR DER INSELKULISSE DER KAPVERDEN

FISCHFREUNDE UNTER SICH

DIE GÄNGIGEN KUNSTKÖDER SIND
GROB DEN TINTENFISCHEN
NACHEMPFUNDEN

BIG-GAME-JACHTEN SIND EXTREM HOCHSEETÜCHTIG
UND TROTZEN FAST JEDEM WIND UND WETTER

DIE VERWENDETEN SCHNÜRE FÜR DEN GROSSFISCHFANG
HABEN EINE TRAGKRAFT BIS 59 KG

EINE GOLDMAKRELE WECHSELT WÄHREND DES DRILLS
STÄNDIG DIE FARBEN WIE EIN CHAMÄLEON

Wie ein wirklicher Riese, nach vielen erfolglo-sen Tagen der Suche, ihn weit vor der Küsten-kulisse der Algarve zum Kampf herausforderte.

Wie der Marlin mit einer Urgewalt den für ihn ausgelegten Köder attackierte, schließlich verschluckte und sofort mit einem ungeheue-ren „Speed" Meter um Meter von der Rolle riss,

bis nach ca. 900 Metern, nur wenige Minuten später, sich der goldene Kern der Spule abzeich-nete. Er wird Ihnen wahrscheinlich davon be-richten, wie hoch und mit welcher Eleganz und Leichtigkeit ein Marlin aus dem Meer springt. Vielleicht wird er auch von den V-förmigen Schuppen erzählen, welche dem Fisch ein ex-trem reibungsfreies Schwimmen ermöglichen,

BLAUER MARLIN AN DER OBERFLÄCHE

oder von der einzigartigen schwammförmigen Schwimmblase, die mit ihren kleinen Zellen dem Marlin ein rasantes Ab- und Auftauchen ermöglicht. Vielleicht erzählt er Ihnen auch nur von dem rauen furchteinflößenden Schwert, von den in den Körper einklappbaren Flossen oder ganz einfach nur von der unglaublichen Farbenpracht des Meeresboliden.

Jedenfalls wird er weiter davon berichten, wie sein Drill mit dem Ausnahme-Marlin verlief. Wie er versuchte, der unbändigen Kraft des Fisches Paroli zu bieten. Wie er tatsächlich ganz langsam endlich die Oberhand gewann, und wie am Ende der Traum vom Fang des Riesen dann doch nicht Wirklichkeit wurde.

GOLDMAKRELE IM SPRUNG

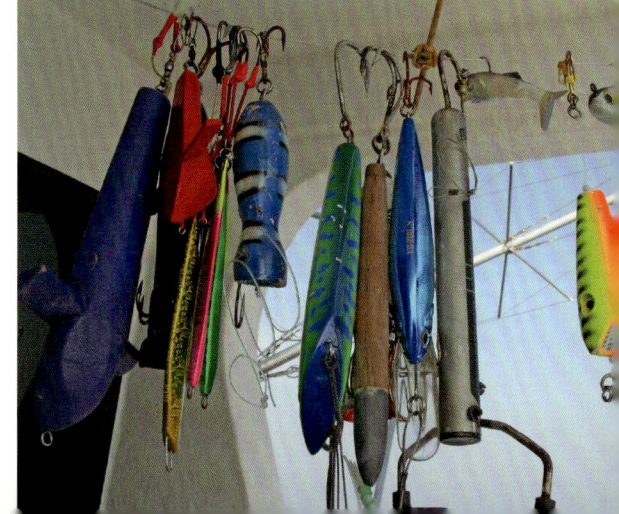

JAGENDER GROSSER GELBFLOSSENTHUN
MIT ÜBER 100 KG

Sie werden anschließend vielleicht seine Trau-
rigkeit über die verpasste Chancen spüren.

Und Sie werden vielleicht die unverkennba-
ren Parallelen zu Hemingways Geschichte
erkennen. Vielleicht werden Sie sich nicht zu
Unrecht die Frage stellen, ob der bekennende

Angler Hemingway den alten Santiago nicht
nur benutzt hat, um seine eigene Gefühls- und
Denkweise auf Papier zu bringen, denn zu sehr
gleichen sich die Geschichten. Mit vielleicht
einer Ausnahme!
In Hemingways Bestseller lässt Ernest den
alten Santiago mit Widerwillen einen rohen

WOLLENBERG MIT EINEM BLAUEN MARLIN VON FAST 450 KG

Fisch essen, nur damit er bei Kräften bleibt,
um den langen Kampf mit dem Marlin zu
überstehen. Mit rohem Fisch kann Ihnen der
Koch Michael Wollenberg natürlich ganz andere und extrem schmackhafte kulinarische
Genüsse präsentieren.
„Bon Appétit!"

AUTOR PETER WAHL IST EIN FISCHENDER GLOBETROTTER
UND JOURNALIST, DER FAST ALLE GROSSEN FISCHGRÜNDE
AUF DER GANZEN WELT BESUCHT HAT

SEGELFISCH WIRD AUCH FÄCHERFISCH GENANNT
WEGEN SEINER MARKANTEN RÜCKENFLOSSE

DIE STEUERFLOSSEN EINES
GELBFLOSSENTHUNS WERDEN
AUCH FLÖSSELCHEN GENANNT

SEETEUFEL

MIT PROVENCALISCHEM GEMÜSE

ZUTATEN

Für 4 Personen

4 Seeteufel-Koteletts
(vom Fischhändler
zuschneiden lassen)
Mehl zum Wenden
Rapsöl zum Braten
Salz, Pfeffer
je 1 rote und gelbe Paprika,
in Stücken
1 Zucchini in Scheiben
Olivenöl zum Dünsten
Queller zum Garnieren

Außerdem:
frische Rosmarinzweige
4 TL Pesto, siehe Seite 36
Beurre blanc, siehe Seite 115

1   Seeteufel-Koteletts waschen, trocken tupfen und
in Mehl wenden. In heißem
Rapsöl in einer Pfanne von
jeder Seite 2–3 Minuten
braten. Salzen, pfeffern und
warm stellen.

2   Gemüse in heißem Oli-
venöl in der Pfanne unter
Rühren leicht bissfest dünsten. Queller zugeben und
kurz mitdünsten. Mit Salz
und Pfeffer abschmecken.

3   Gemüse portionsweise auf
Tellern anrichten. Seeteufel-
Koteletts daraufsetzen. Mit
Rosmarin, Pesto und Beurre
blanc servieren.

THUNFISCH

MIT ROTEM MANGOLD UND WASABI-PÜREE

ZUTATEN

Für 4 Personen

4 Thunfischsteaks à 300 g
Sonnenblumen- oder Erdnussöl zum Einreiben

**Für die Blakened-
Gewürzmischung:**
Salz
1 Prise Kreuzkümmel
Paprikapulver
bunte Pfefferkörner, frisch
gemahlen
Cayennepfeffer
getrockneter Thymian

Für das Gemüse:
350 g roter Mangold
Butter zum Anschwitzen
Salz, Pfeffer, 1 Prise Zucker
1 Becher Vollmilchjoghurt
1 EL Crème fraîche
etwas Limettensaft und
gehackte Limettenschale
2 Zitronengrasstängel,
geputzt und längs halbiert
Pesto zum Garnieren,
siehe Seite 36
Beurre blanc zum Garnieren,
siehe Seite 115

1 Fischfilets waschen, trocken tupfen und mit Son-
nenblumen- oder Erdnussöl
einreiben. Etwas ruhen lassen.

2 Nach Geschmack und
Schärfe die Blakened-Gewürzmischung mischen. Filets
damit einreiben. Auf dem Grill
oder in einer Pfanne von jeder
Seite 1–2 Minuten kräftig grillen oder braten. Warm stellen.

3 Vom Mangold die Wurzel
entfernen, Blätter mit Stielen
waschen. Stiele abschneiden,
in Streifen schneiden. Blätter
grob zerteilen. Beides in Salzwasser blanchieren, in Eiswasser abschrecken und abtropfen
lassen. In heißer Butter in
einem Topf anschwitzen, mit
Salz, Pfeffer und 1 Prise Zucker abschmecken.

4 Joghurt und Crème fraîche
verrühren, mit Limettensaft
und -schale, Salz und Pfeffer
abschmecken.

5 Thunfischsteaks mit Mangold portionsweise auf Tellern
anrichten. Mit Zitronengras
und nach Wunsch etwas Pesto
und Beurre blanc garnieren.

Dazu passt Kartoffelpüree, mit
Wasabi-Paste abgeschmeckt.

SCAMPI UND CO.

BLACK TIGER PRAWNS

MIT GEMÜSE, PESTO UND FRITTIERTEM BASILIKUM

ZUTATEN

Für 4 Personen

4 Black Tiger Prawns
frische Basilikumblätter
Öl zum Fritieren
je 2 rote und gelbe Paprika
1–2 Frühlingszwiebeln
1 rote Zwiebel
4 EL Pesto, siehe Seite 36
Öl zum Braten
Salz

1   Basilikumblätter in heißem Öl frittieren.

2   Paprika vierteln, helles Fruchtfleisch einschließlich der Kerne entfernen. Viertel waschen und in Streifen schneiden.

3   Von den Frühlingszwiebeln das Grün großzügig abschneiden, waschen und schräg in Ringe schneiden.

4   Rote Zwiebel schälen, vierteln und in Scheiben schneiden.

5   Gemüse in der Pfanne mit etwas Öl ca. 4 Minuten braten, dabei mehrmals umrühren.

6   Black Tiger Prawns auf ein Brett legen und mit einem scharfen Messer längs halbieren. Jeweils den Darm entfernen und abspülen.

7   In einer heißen Pfanne mit etwas Öl oder auf einem Grill zuerst auf der Schalenseite anbraten. Sobald sie sich rot färben, auf der Schnittseite kurz weiterbraten. Mit Salz würzen.

8   Zum Servieren Gemüse portionsweise auf Tellern anrichten. Prawns darauf verteilen, mit Pesto beträufeln. Mit frittiertem Basilikum garnieren.

GEBRATENE JAKOBSMUSCHELN

IN DER SCHALE MIT TOMATENSUGO

ZUTATEN

Für 4 Personen

8 Jakobsmuscheln, geputzt
Tomatensugo
Olivenöl zum Braten
Salz, Pfeffer
4 Jakobsmuschelschalen
zum Servieren
Balsamico-Creme
zum Garnieren

Jakobsmuscheln waschen, trocken tupfen. Dann zuerst das Tomatensugo erhitzen. Jakobsmuscheln in heißem Olivenöl in der Pfanne nur kurz kräftig anbraten, sodass sie Farbe nehmen. Salzen und pfeffern. Der Kern sollte noch leicht glasig sein.

Pro Portion je 2 Jakobsmuscheln schnell in die Schalen setzen, mit heißem Tomatensugo umkränzen.

Mit Balsamico-Creme garnieren und sofort servieren.

GEBRATENE
SCAMPI MIT SPINAT UND CHILIFÄDEN

ZUTATEN

Für 4 Personen

16 Scampi Seawater-Qualität
Rapsöl zum Braten
Salz, Pfeffer
1 Schuss Cognac
200 ml Fischfond, siehe
Seite 142
600 g Spinat
1 Zwiebel, gehackt
Salz, Pfeffer, Muskat
Olivenöl zum Braten
Chilifäden

1   Scampi aus der Schale brechen, Darm entfernen, abspülen und trocken tupfen. Salzen und pfeffern.

2   In der Pfanne kurz anbraten, nicht zu lange garen, sonst werden sie trocken und fest. Herausnehmen und warm stellen. Cognac in die Pfanne geben und mit dem Fischfond ablöschen.

3   Spinat spülen und trocken tupfen. In einem Topf das Olivenöl und die gehackte Zwiebel anschwitzen. Nach und nach den Spinat zugeben, mit Salz, Pfeffer und Muskat würzen.

4   Zum Anrichten Spinat auf Teller geben, die Sauce angießen und je 4 Scampi daraufsetzen.

Mit Chilifäden garnieren.

ALLES BASTA: PASTA

SPAGHETTI

MIT MEERESFRÜCHTEN

ZUTATEN

Für 2 Personen

150 g Spaghetti
Salz
3 Gambas
4 Scampi
4 Jacobsmuschelfleisch
Olivenöl zum Braten
Pfeffer
1 Frühlingszwiebel,
in Ringe geschnitten
200 g geputzte Pfifferlinge
1 Knoblauchzehe, gehackt
4 kleine Strauchtomaten,
halbiert

1   Spaghetti in kochendem Salzwasser nach Packungsanweisung bissfest kochen.

2   Gambas längs halbieren, Scampi aus der Schale lösen. Meeresfrüchte in heißem Olivenöl kurz anbraten, mit Salz und Pfeffer würzen. Herausnehmen, warm stellen.

3   Frühlingszwiebel und Pfifferlinge ins heiße Bratfett mit noch etwas Olivenöl geben, unter Rühren anbraten. Knoblauch und Tomaten zugeben, abschmecken.

4   Spaghetti abgießen, tropfnass untermischen. Nach Wunsch portionsweise in Weckgläsern auf Platten mit den Meeresfrüchten anrichten.

LINGUINE

MIT GAMBERI

ZUTATEN

Für 2 Personen

150 g Linguine
Salz
400 g Gamberi, Scampi
oder Riesengarnelen in
Seawater-Qualität
2 Peperoni
2 Frühlingszwiebeln, in Ringe
geschnitten
Olivenöl zum Braten
1 Knoblauchzehe, zerdrückt
100 ml trockener Weißwein
4 Kirschtomaten, halbiert
2 EL Pesto, siehe Seite 36
Chilifäden

1 Linguine in kochendem Salzwasser nach Packungsanweisung bissfest kochen. Gamberi aus der Schale lösen, jeweils den Darm entfernen und abspülen.

2 Peperoni längs einschneiden, Kerne entfernen. Peperoni in Ringe schneiden. Peperoni und Frühlingszwiebeln in heißem Olivenöl mit Knoblauch in einer großen Pfanne kurz anziehen lassen. Gamberi zugeben, kurz mitbraten. Mit Wein ablöschen.

3 Linguine abgießen, tropfnass in die Pfanne geben. Tomaten und Pesto zugeben, alles kräftig umrühren, dabei alles miterhitzen. Abschmecken und mit Chilifäden servieren.

MACCARONI <u>AL SALMON</u>

ZUTATEN

Für 2 Personen

200 g kurze Maccaroni
Salz
250 ml Fischfond, siehe
Seite 142
150 g Lachsfiletwürfel
100 g frischer Spinat,
gewaschen und geputzt
Pfeffer
Saft von ½ Limette

Maccaroni in kochendem Salzwasser nach Packungsanweisung bissfest kochen. Fischfond in einem Topf erwärmen, Lachswürfel darin ca. 3 Minuten garen. Spinat zugeben, zusammenfallen lassen.

Maccaroni abgießen, tropfnass zugeben. Mit Salz, Pfeffer und Limettensaft abschmecken. Alles vorsichtig mischen, sofort servieren.

PENNE MIT

GERÖSTETEM PULPO

UND CHORIZO

ZUTATEN

Für 4 Personen

300 g Penne
Salz
600 g Pulpo
1 Bund Suppengrün,
grob gehackt
1 Schuss Rotwein
1 Spritzer Essig
4 Lorbeerblätter
2 Chorizo-Würste
50 g getrocknete Tomaten
4 kleine Strauchtomaten
Olivenöl zum Braten
2 Knoblauchzehen,
in Scheiben
150 ml Tomatensugo
4 Thymianzweige
gehackte Basilikumblätter

1   Penne in kochendem Salzwasser nach Packungsanweisung bissfest kochen.

2   Pulpo in Salzwasser mit Suppengrün, Rotwein, Essig und Lorbeer ca. 1 ½ Stunden weich kochen. Abgießen und auskühlen lassen. In mundgerechte Stücke schneiden.

3   Chorizo schräg in Scheiben schneiden. Getrocknete Tomaten klein schneiden. Tomaten vierteln. Olivenöl in einer Pfanne erhitzen, Pulpostücke darin scharf anbraten. Chorizo zugeben, kurz mitbraten. Dann Tomaten, Knoblauch, Sugo und Thymian zufügen.

4   Penne abgießen, tropfnass zugeben. Alles gut mischen, Basilikum zufügen und abschmecken.

SPAGHETTINI

MIT GAMBAS

ZUTATEN

Für 4 Personen

300 g Spaghettini
Salz
8 Gambas oder
Riesengarnelen
Olivenöl zum Braten
Pfeffer
2 Knoblauchzehen, gehackt
1 Chilischote, entkernt und
gehackt
Basilikumblätter

1 Spaghettini in kochendem Salzwasser nach Packungsanweisung bissfest kochen.

2 Gambas oder Riesengarnelen längs halbieren. Jeweils den Darm entfernen und abspülen. Reichlich Olivenöl in einer Pfanne erhitzen und die Gambas von allen Seiten darin kräftig anbraten. Salzen und pfeffern. Knoblauch und Chili zufügen.

3 Spagettini abgießen, eventuell etwas Nudelwasser auffangen. Tropfnass in die Pfanne geben und alles gut durchschwenken. Eventuell noch etwas Nudelwasser untermischen. Abschmecken.

5 Mit Basilikum bestreuen und in der Pfanne servieren.

EINE REISE
DURCHS MITTELMEER

ST. PIERRE

SEINE HEILIGKEIT IM BACKPAPIER

ZUTATEN

Für 2 Personen

1 Petersfisch (St. Pierre)
ca. 1,5 kg, küchenfertig
grobes Meersalz, Pfeffer
1 Limette in Scheiben
½ frische Knoblauchknolle
3 Maiskölbchen
rote Peperoni nach Geschmack
3 Stängel frisches
Zitronengras, jeweils Strunk
und äußere trockene
Blätter entfernen
1 kleines Stück Ingwerknolle,
längs halbiert
1 rote Zwiebel, in
feinen Spalten
4 ganze Chilischoten
gelbe Paprikastücke
3 EL Olivenöl

1   Fisch innen und außen waschen, trocken tupfen, salzen und pfeffern. (Achtung: Dieser stachelige Genosse muss vorsichtig behandelt werden, da Verletzungen durch seine Stacheln zu Entzündungen führen können.)

2   Ein Backblech mit einem großen Stück Backpapier belegen. Fisch darauflegen, restliche Zutaten daraufgeben und das Olivenöl darüberträufeln.

3   Backpapier darüberschlagen, rundherum mit einem Tacker verschließen. Im heißen Ofen (170 Grad) ca. 30 Minuten garen. Backpapier aufschneiden, Fisch am Tisch filetieren.

Tipp: Gemüse nach Wahl unter das Backpapier des Fisches legen, dabei werden mit dem Garen wunderbare starke Aromen freigesetzt.

DORADE und LOUP DE MER
IN DER SALZKRUSTE

ZUTATEN

Für 4 Personen

Für die Salzmasse:
2,25 kg grobes Meersalz
(z. B. Sel de Guérande)
6 Eier
150 g Mehl
75 g Speisestärke

Für die Fische:
1 Dorade, ca. 800 g,
küchenfertig
1 Loup de mer (Wolfsbarsch)
ca. 1 kg, küchenfertig
2 Knoblauchzehen, in Scheiben
einige Thymianzweige
frische grüne Pfefferkörner
2 rote Pfefferschoten, entkernt
1–2 rote Zwiebeln, in Spalten

1 Für die Salzmasse Salz, Eier, Mehl und Speisestärke in einer Küchenmaschine mischen. Ein umgedrehtes Backblech mit einem Stück Alufolie oder Backpapier belegen.

2 Die Hälfte der Salzmasse als 2 Ovale etwas größer als die Fische daraufgeben. Fische innen und außen waschen, gut trocken tupfen. Die Flossen mit einer Küchenschere abschneiden, damit sie nicht am Salz festkleben. Fische darauflegen.

Mit den restlichen Würzzutaten bestreuen. Restliche Salzmasse daraufgeben, ringsherum gut andrücken. Anschließend die Oberfläche mit angefeuchteten Händen etwas glatt streichen.

3 Im heißen Ofen bei 180 Grad, zweite Schiene von unten, 30–35 Minuten garen.

4 Blech aus dem Ofen nehmen, Salzkruste jeweils auf der Höhe der Rückenflosse mit einem großen Sägemesser ringsherum vorsichtig aufschneiden. Deckel vorsichtig abheben, möglichst nicht beschädigen. Fische sofort am Tisch tranchieren.

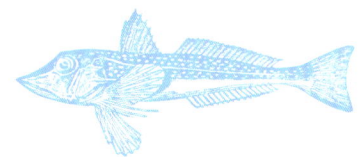

CALAMARI

MIT RISOTTO UND GRÜNEM SPARGEL

ZUTATEN

Für 4 Personen

Für das Risotto:
2 EL Olivenöl
1 Zwiebel, fein gehackt
2 Knoblauchzehen, gehackt
150 g Risottoreis
50 ml trockener Weißwein
100 ml Tomatensugo
250 ml heiße Gemüsebrühe
Salz, Pfeffer
1 EL Schnittlauchröllchen
1 EL kalte Butter

Für die Calamari:
4 Calamari-Tuben, ausgenommen und küchenfertig
Olivenöl zum Braten
2 Chorizo-Würste, gewürfelt
1 Knoblauchzehe, gehackt
einige Thymianzweige
Salz, Pfeffer
250 g blanchierter grüner Spargel

1 Für das Risotto Olivenöl in einem Topf erhitzen, Zwiebel und Knoblauch zugeben und darin unter Rühren glasig dünsten, Reis zugeben und unter stetigem Rühren mit anschwitzen. Alles mit Weißwein ablöschen. Nach und nach unter Rühren bei schwacher Hitze die Gemüsebrühe portionsweise zugießen. Zum Schluss das Tomatensugo unterrühren. Eventuell noch etwas Brühe angießen.
Der Reis sollte aber noch Biss haben. Mit Salz und Pfeffer abschmecken. Schnittlauch und Butter unterrühren.

2 Calamari innen und außen gründlich waschen, trocken tupfen und in Ringe schneiden. In heißem Olivenöl in der Pfanne kräftig anbraten, Chorizo-Würfel unterrühren und kurz mitbraten. Knoblauch und Thymianblättchen zugeben, alles mit Salz und Pfeffer abschmecken. Herausnehmen, Spargel darin mit etwas Olivenöl kurz anbraten.

3 Risotto portionsweise auf Tellern anrichten, Calamari und Spargel darauf anrichten.

DAZU PASST EIN

2010
Gavi di Gavi „Etichetta Nera"
DOCG
La Scolca, Piemont

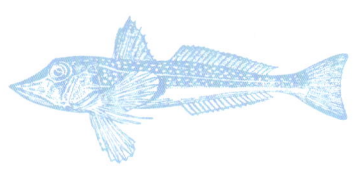

GEBRATENE

MEERÄSCHE UND
KNURRHAHN

ZUTATEN

Für 2 Personen

1,5 kg Meeräsche, küchenfertig
2 Knurrhähne, küchenfertig
Salz, Pfeffer
2 Knoblauchzehen, gehackt
10 Kaffir-Limettenblätter
4 Thymianzweige
Mehl zum Wenden
Olivenöl zum Braten

1 Fische innen und außen waschen, trocken tupfen, salzen und pfeffern. Mit den restlichen Zutaten den Bauch der Meeräsche und der Knurrhähne füllen.

1 Fische nacheinander in Mehl wenden. In heißem Olivenöl nacheinander zuerst die Meeräsche, dann die Knurrhähne in der Pfanne rundherum anbraten.

1 Im heißen Ofen bei 170 Grad auf dem Blech fertig garen, Meeräsche 15 Minuten, Knurrhähne 10 Minuten.

Dazu passt Wok-Gemüse.

STEINBUTT MIT GEMÜSE

ZUTATEN

Für 2 Personen

1 Steinbutt à 700 g, küchenfertig
Salz, Pfeffer
Butter zum Braten
2–3 kleine frische
Rosmarinzweige
1 rote Paprika
3 Knoblauchzehen, geschält
50 g geputzte Champignons
Olivenöl zum Braten
2–3 Thymianzweige
frittierter Rucola nach Wunsch

DAZU PASST EIN

2008
Chablis Grand Cru les Clos
Domaine Pasca, Bouchard,
Chablis

1   Steinbutt mit Salz und Pfeffer würzen. In heißer Butter in einer großen Pfanne von beiden Seiten goldgelb anbraten. In die Kiemenöffnung den Rosmarin stecken.

2   Etwas Butter in den Bräter geben, den Steinbutt vorsichtig hineinlegen. Paprika vierteln, Kerne entfernen. Fruchtfleisch in mundgerechte Stücke schneiden.

3   Mit dem restlichen Gemüse in heißem Olivenöl kurz anbraten. Den Steinbutt in den Bräter legen und die Gemüse zufügen. Mit Thymianzweigen bestreuen.

4   Im heißen Ofen bei 180 Grad ca. 20 Minuten garen. Nach Wunsch mit frittiertem Rucola bestreut im Bräter servieren.

SEEZUNGE KLASSISCH

ZUTATEN

Für 4 Personen

4 Seezungen à 500–600 g
Mehl zum Wenden
Salz, Pfeffer
Butter zum Braten
150 g geklärte Butter
Zitronen

WIE ISST MAN EINE SEEZUNGE?

Mit dem Fischmesser des Bestecks an der Rückgräte entlang ziehen, dann das Messer unter die rechte und linke Fischhälfte schieben und das Fleisch von der Gräte trennen. So kann man den Fisch einfach aufklappen. Sie können jetzt die große Gräte sehen, um sie herum verlaufen kleine Adern. Diese sollten rot sein, dann haben Sie eine frische Seezunge vor sich. Guten Appetit!

1 Backofen auf 180 Grad vorheizen. Die Seezungen (siehe Seite 106) enthäuten. In Mehl wenden, salzen, pfeffern und sanft von jeder Seite in Butter braten: am besten in zwei Pfannen zuerst je eine braten, im heißen Ofen (180 Grad) ruhen lassen.

2 Dann die restlichen 2 Seezungen in den Pfannen braten und ebenfalls im heißen Ofen ruhen lassen.

Mit geklärter Butter und Zitronen servieren.

DAZU PASST EIN

2011
Riesling Jesuitengarten
Großes Gewächs, trocken
Weingut Geheimer Rat
Dr. von Bassermann-Jordan,
Pfalz

1 Das Schwanzende der Seezunge in heißes Wasser tauchen, damit man dort die schwarze Haut einschneiden kann.

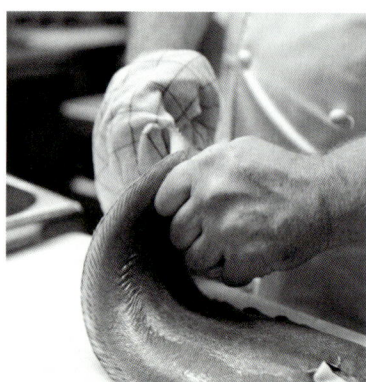

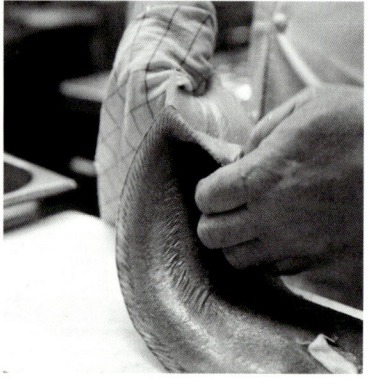

2 Mit dem Messer die Haut ein Stück vom Fleisch lösen, sodass man die Haut anfassen kann.

3 Eine Hand mit einem Handtuch umwickeln und die Fleischseite festhalten.

4 Mit der anderen Hand die Haut fest anpacken.

5 Mit einem kräftigen Ruck in Richtung Fischkopf die Haut abziehen.

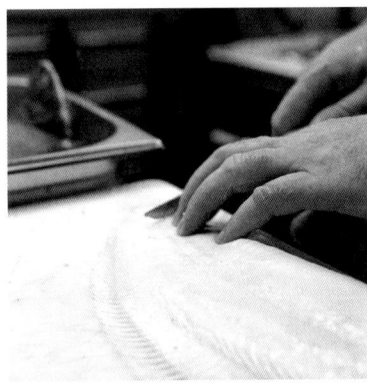 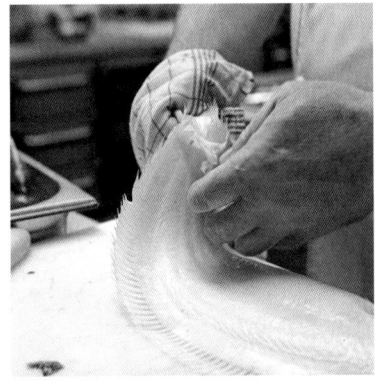 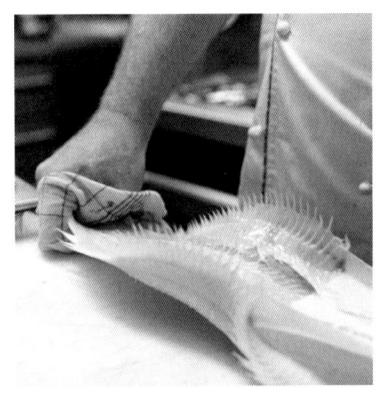

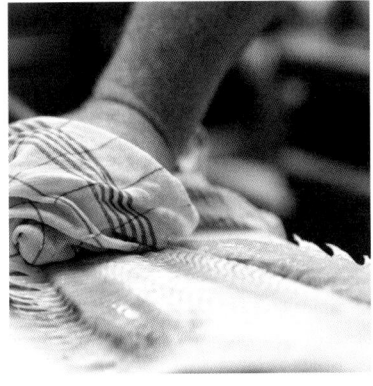 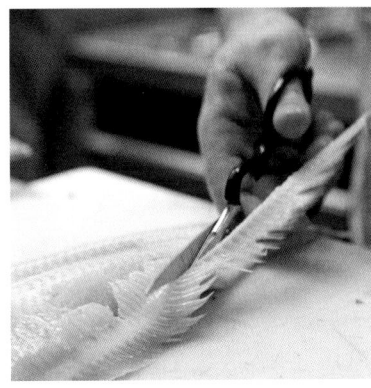

6 Mit der hellen Hautseite genauso verfahren wie links.

7 Zum Schluss mit einer scharfen Schere alle Flossen entfernen, indem man längs des Fischkörpers schneidet.

Fischabfälle nicht vernichten, sondern für den Fischfond verwenden.

ALLES KRUSTIG

FLUSSKREBSE KLASSISCH

ZUTATEN

Für 4 Personen

2 Stangen Staudensellerie
1 Zwiebel
1 Möhre
½ Lauchstange
½ Fenchelknolle
2 Bund Dill, grob zerkleinert
1 Lorbeerblatt
10 weiße Pfefferkörner
4 Wacholderbeeren
20 g Kümmelsamen
Salz
1 l trockener Weißwein
2 kg Flusskrebse

Gemüse putzen, waschen und klein schneiden. Mit Dill, Gewürzen, Wein und 5 l Wasser in einem großen breiten Topf zum Kochen bringen. Das Wasser muss richtig sprudelnd kochen, dann jeweils 8–10 Krebse hineinsetzen und 8 Minuten bei geschlossenem Deckel kochen. Herausnehmen und abschrecken. Mit den restlichen Krebsen ebenso verfahren. Dazu passt eine Dillsauce.

WIE ISST MAN FLUSSKREBSE?

Den Schwanz abtrennen und das Fleisch aus dem Schwanzpanzer ziehen. Oder man bricht die Glieder vom Schwanz nacheinander vorsichtig ab, dann hat man mit etwas Geduld das Schwanzstück. Die Scheren je nach Größe aufbrechen und das Fleisch herauslutschen. In Schweden trinkt man während der Krebssaison im August einen Schnaps zu jeder Krebsschere.

Tipp: Fertig gekochte Flusskrebse als TK-Ware gibt es in den bekannten schwedischen Möbelhäusern, und zwar zwischen Kasse und Ausgang. Die Qualität ist für den Preis von ca. 10 € pro Kilo angemessen.

Edelkrebse sind bei uns fast ausgestorben. Lebende Flusskrebse werden meist aus der Türkei und dem Kaukasus importiert. Der Kilopreis liegt bei 20 €.

HUMMER, SCAMPI

ZUTATEN

Für 4 Personen

1 Hummer
Salz
2 Langustenschwänze
Butter zum Braten
4 King-Crab-Beine
Zitrone
geröstetes Knoblauchbrot

1 Den Hummer in kochendem Salzwasser in einem großen Topf pro 100 g Lebendgewicht 1 Minute kochen und dann noch weitere 2 Minuten auf die Kochzeit anrechnen.

2 Langustenschwänze längs halbieren und in der Pfanne in etwas heißer Butter kurz anrösten.

3 4 King-Crab-Beine in Stücke trennen und in kochendem Salzwasser blanchieren.

4 Alles auf einer Platte mit Zitrone, geröstetem Knoblauchbrot und den Saucen servieren.

UND CO. MIT DREI SAUCEN

FÜR DIE MANGO-CHUTNEY-SAUCE

1 Zwiebel
2 Knoblauchzehen
etwas Olivenöl zum Braten
1 reife Mango
je ½ TL Curry, Paprikapulver, Kurkuma
1 Spritzer Balsamessig
1 TL trockener Weißwein
2 EL Honig
Salz

Zwiebel und Knoblauch schälen, fein hacken und in etwas heißem Olivenöl anschwitzen. Mango schälen, Hälften rechts und links am Kern abschneiden. Fruchtfleisch fein würfeln. Mangowürfel in die Pfanne geben, Curry, Paprika, Kurkuma, Wein, Essig und Honig zugeben, bei schwacher Hitze einköcheln lassen, bis es sämig wird. Abschmecken.

FÜR DIE AIOLI

2 Eigelb
2 Knoblauchzehen, zerdrückt
Salz
125 ml Sonnenblumenöl

Eigelbe, Knoblauch und Salz mit den Rührbesen des Handrührgerätes im hohen Rührbecher verschlagen. Öl im feinen Strahl unter Weiterschlagen zugießen, bis eine hellcremige Masse entstanden ist. Abschmecken.

FÜR DIE COCKTAILSAUCE

2 Eigelb
Salz
125 ml Sonnenblumenöl
2 EL Ketchup
1 Msp. Cayennepfeffer
1 Schuss Cognac
½ TL geriebener Meerrettich

Eigelbe, Knoblauch und Salz mit den Rührbesen des Handrührgerätes im hohen Rührbecher verschlagen. Öl im feinen Strahl unter Weiterschlagen zugießen, bis eine hellcremige Masse entstanden ist.

Mit restlichen Zutaten abschmecken.

113

HUMMERSCHWÄNZE

AUF TRÜFFEL-PÜREE

ZUTATEN

Für 4 Personen
1 Hummer
Salz
600 g mehligkochende
Kartoffeln
300 ml Milch
60 g zerlassene Butter
Pfeffer, Muskat
2 EL Trüffelöl
1 schwarze Trüffel à 30 g
Basilikumblätter

Für die Trüffelsauce:
150 g Schalotten
1 Knoblauchzehe
20 g Trüffeln, frisch
oder eingelegt
3 EL Olivenöl
300 ml Weißwein
300 ml Geflügelfond
500 ml Schlagsahne
Salz
Pfeffer
2 EL Trüffelöl

Für die Beurre Blanc:
1 Schalotte
170 g Butter
125 ml Weißwein
80 ml Fischfond
2 EL weißer Wermut
1 EL Weißweinessig
Salz, weißer Pfeffer

Hummer in kochendem
Salzwasser in einem großen
Topf kochen, herausnehmen,
ausbrechen und portionieren.
Anschließend warm stellen.
Kartoffeln schälen, in kochen-
dem Salzwasser weich kochen.
Kartoffeln zweimal durch die
Presse geben, mit Milch und
zerlassener Butter verrühren.
Mit Salz, Pfeffer und Muskat
abschmecken. Vor dem Servie-
ren das Trüffelöl unterheben.
Für den Schaum eine Beurre
blanc und eine Trüffelsauce
erwärmen.

Zum Servieren Püree auf
Tellern verteilen, Hummerstü-
cke daraufsetzen und mit den
Saucen angießen. Die Trüffel
darüberhobeln. Mit Basilikum
ganieren.

TRÜFFELSAUCE

1   Schalotten, Knoblauch
und Trüffeln in feine Würfel
schneiden.

2   Öl erhitzen und Schalotten
und Knoblauch darin glasig
andünsten. Wein und Fond
zugießen und auf die Hälfte
einkochen lassen. 400 ml

Sahne zugeben, nochmals auf
die Hälfte einkochen. Restliche Sahne steif schlagen und
kalt stellen. Sauce mit dem
Schneidstab fein pürieren. Mit
Salz, Pfeffer und 1 EL Trüffelöl
abschmecken. Zwei Drittel der
gewürfelten Trüffeln zugeben.
Warm stellen.

BEURRE BLANC

1   Schalottenwürfel in 10 g
Butter ohne Farbe anschwitzen. Mit Wein, Fond, Wermut
und Essig ablöschen, bei
starker Hitze auf etwa 70 ml
einkochen. Dann durch ein
feines Sieb gießen.

2   Unmittelbar vor dem
Servieren wieder aufkochen,
mit Salz und Pfeffer würzen
und die in Flöckchen geschnit-
tene eiskalte Butter mit dem
Schneebesen unterrühren. Die
Sauce nicht mehr aufkochen.

HUMMER, SCHWANZ
UND SCHERE MIT PFIFFERLINGEN

ZUTATEN

Für 4 Personen

2 Hummerschwänze
Rapsöl zum Braten
1 rote Zwiebel, in Streifen
geschnitten
2 Frühlingszwiebeln, schräg in
Stücke geschnitten
250 g geputzte Pfifferlinge
½ Bund glatte Petersilie, gehackt
4 Kirschtomaten, halbiert
Salz, Pfeffer
Basilikumblätter

1 Den rohen Hummer mit
der Schale quer in Medaillons
schneiden. In heißem Rapsöl
in einer Pfanne anbraten. Herausnehmen, warm stellen.

2 Zwiebelstreifen und
Frühlingszwiebeln ins Brat-
öl geben, kurz anschwitzen.
Pfifferlinge zugeben und unter
Rühren anbraten.

3 Petersilie und Tomaten zugeben, nur kurz miterhitzen.
Mit Salz und Pfeffer würzen.
Hummer-Medaillons zugeben,
abschmecken. Mit Basilikum
garnieren.

HATE FISH

HATE-FISH-RINDERFILET

MIT KOHLRABI UND KARTOFFELGRATIN

ZUTATEN

Für 4 Personen

Für das Kartoffelgratin:
500 g mehligkochende
Kartoffeln
1 EL Butter zum Ausreiben
der Form
1 Knoblauchzehe, zerdrückt
1 kleine Zwiebel, fein gehackt
Butter zum Dünsten
100 ml Sahne
Salz, Pfeffer, Muskat
1 EL Parmesan

Für das Kohlrabigemüse:
2 Kohlrabis
Butter zum Braten
1 kleine Zwiebel, fein gehackt
Salz, Pfeffer, Muskat
1 EL Zucker

Für das Fleisch:
600 g argentinisches
Rinderfilet
Öl zum Braten
grober Pfeffer
Meersalz
250 ml heißer Bratenjus

1   Kartoffeln schälen und millimeterdünn auf einer Mandoline oder Rohkostreibe in Scheiben hobeln. Eine ofenfeste Form mit Butter ausreiben. Knoblauch und Zwiebel in heißer Butter glasig dünsten, mit Sahne kurz ablöschen. Kartoffelscheiben mit der Sahne vermischen, mit Salz, Pfeffer und Muskat würzen. In die Form schichten. Im heißen Ofen (170 Grad) ca. 40 Minuten backen. Kurz vor dem Servieren das Gratin mit Parmesan bestreuen und nochmals kurz in den Ofen schieben.

2   Von den Kohlrabis die kleinen grüne Triebe auf der Oberseite abschneiden und fein hacken. Kohlrabis schälen und in kleine Würfel schneiden. In heißer Butter im Topf mit Zwiebelwürfeln anschwitzen. Mit Salz, Pfeffer, Muskat und Zucker würzen, zugedeckt ca. 8 Minuten dünsten, eventuell noch etwas Fond oder Brühe angießen. Kohlrabigrün zugeben, abschmecken.

3   Rinderfilet in heißem Öl in einer ofenfesten Pfanne von allen Seiten anbraten, im heißen Ofen (max. 160 Grad) ca. 15 Minuten im Ofen garen. Mit grobem Pfeffer und Meersalz würzen. Danach das Filet in Alufolie einrollen und für mindestens 6 Minuten warm stellen.

4   Das Filet am Tisch aus der Folie nehmen und am Tisch aufschneiden. Das Kartoffelgratin, das Kohlrabigemüse und den Bratenjus dazu reichen.

DAZU PASST EIN

2006
Baron de Ley Reserva
100% Tempranillo
Baron de Ley, Rioja

NORDDEUTSCHE GERICHTE

FÖHRER MIESMUSCHELN

IM GEMÜSESUD

ZUTATEN

Für 4 Personen

1 Bund Suppengrün
1 Zwiebel
1 Knoblauchzehe
Butter zum Anschwitzen
2 kg Miesmuscheln, gewaschen und geputzt (nach dem Kauf bereits geöffnete Muscheln aussortieren)
500 ml trockener Weißwein
einige Thymianzweige
Salz, Pfeffer
Sahne für den Sud

1   Suppengrün, Zwiebel und Knoblauch putzen, waschen und klein würfeln.

2   Das Gemüse in heißer Butter in einem großen breiten Topf unter Rühren anschwitzen. Mit dem Weißwein ablöschen. Muscheln dazugeben. Mit Salz und Pfeffer würzen, Thymianzweige zugeben.

3   Muscheln zugedeckt so lange kochen, bis sie sich geöffnet haben. Zwischendurch umrühren. Nicht geöffnete Muscheln entfernen.

4   Muscheln in eine Suppenterrine geben und servieren. Restlichen Muschelsud durch ein Tuch geben, mit Sahne abrunden und in kleinen Espressotassen dazu servieren.

HARALDS FISCHFRIKADELLE

ZUTATEN

Für 4 Personen

Für die Frikadellen:
400 g Fischfilet vom
Weißfisch
2 Eigelb
1 Brötchen vom Vortag,
in Wasser eingeweicht
2 EL angeschwitzte Zwiebel-
und Knoblauchwürfel
1 TL mittelscharfer Senf
je ½ TL Kreuzkümmel
und Paprika
Salz, Pfeffer
1 TL frischer, gehackter
Thymian
Rapsöl zum Braten

Außerdem:
500 g mehligkochende
Kartoffeln (Bintjes)
Meersalz
Pflanzenöl zum Frittieren
Ketchup
Sour Cream

1   Fischfilet in Stücke schneiden, im elektrischen Zerkleinerer kurz fein hacken. Mit den restlichen Zutaten mischen, abschmecken und daraus Frikadellen formen. In heißem Rapsöl in der Pfanne ca. 8 Minuten braten.

2   Kartoffeln waschen, ungeschält in Spalten schneiden. In kochendem Salzwasser kurz blanchieren, abgießen, auf Küchenpapier oder einem Geschirrtuch gut abtropfen lassen. In heißem Pflanzenöl frittieren.

Herausheben, auf Küchenpapier abtropfen lassen und mit Meersalz würzen.

4   Frikadellen mit Kartoffelspalten, Ketchup und Sour Cream servieren.

DAZU PASST EIN

Norddeutsches Pilsener vom Fass

HAMBURGER BACKFISCH

MIT ZWEI SALATEN

ZUTATEN

Für 4 Personen
4 Seelachsfilets
200 g Tempuramehl
(im Asialaden erhältlich)
125 ml Eiswasser
1 Msp. Kurkuma
Pflanzenöl zum Frittieren
Zitrone

Für den Gurkensalat:
2 Salatgurken
Salz
2 EL Zitronensaft
Tabasco
Pfeffer
1 Bund Schnittlauch
Zucker
gehackte Radieschen

BACKFISCH

Fischfilets in Stücke portionieren. Tempuramehl mit Eiswasser und Kurkuma glatt rühren. Fischstücke kurz hineintauchen, etwas abtropfen lassen und in heißem Pflanzenöl ca. 6 Minuten ausbacken. Mit Zitrone servieren. Dazu passen Kartoffelsalat, Gurkensalat und Remouladensauce (siehe Seite 142).

GURKENSALAT

1 Salatgurke schälen. Gurke längs halbieren und entkernen. Gurke in feine Scheiben schneiden. In einem Sieb leicht salzen und 15 Min. abtropfen lassen.

2 Zitronensaft, einige Spritzer Tabasco, Salz und Pfeffer verrühren. Schnittlauch in sehr feine Röllchen schneiden. Gurken mit der Sauce und dem Schnittlauch mischen, mit etwas Zucker abschmecken. Zum Servieren mit Radieschen bestreuen.

DAZU PASST EIN

2011
Sauvignon Blanc,
QbA Sonderabfüllung
„Marlin No.I"
Weingut Geisser, Pfalz

FISCHSTÄBCHEN

<u>MIT POMMES</u>

1   Seelachsfilet in 2,5 cm breite Streifen schneiden. Mit Salz und Pfeffer würzen. Portionsweise zuerst in Mehl, dann in verschlagenem Ei und zum Schluss in Paniermehl wenden. In heißem Rapsöl in einer Pfanne ausbacken.

2   Kartoffeln schälen, zuerst längs in ca. 1 cm dicke Scheiben, dann in Stifte gleicher Dicke schneiden. In Salzwasser kurz blanchieren, abgießen, auf Küchenpapier oder einem Geschirrtuch gut abtropfen lassen. Dann in heißem Pflanzenöl goldgelb ausbacken. Herausheben, auf Küchenpapier abtropfen lassen und salzen.

3   Fischstäbchen und Pommes mit Ketchup servieren.

FAMILIE IM KORB:
HARALD PAULUS MIT SEINER FRAU
BIANKA UND SEINEN KINDERN LEA,
MAX UND JEREMY

FISCHSTÄBCHEN SIND DAS LIEB-
LINGSGERICHT DER ZWILLINGE

ZUTATEN

Für 4 Personen

400 g Seelachsfilet
Salz, Pfeffer
etwas Mehl
1 verschlagenes Ei
Paniermehl zum Wenden
100 ml Rapsöl zum Braten
500 g mehligkochende
Kartoffeln (Bintjes)
Pflanzenöl zum Frittieren
Ketchup

KRABBEN

MIT RÜHREI IN DER BACKKARTOFFEL

ZUTATEN

Für 4 Personen

4 mittelgroße mehlig-
kochende Kartoffeln,
mit Schale im Ofen gegart
Olivenöl zum Braten
Salz, Pfeffer
4 Eier
50 ml Sahne
Butter zum Braten
½ Bund Schnittlauch,
in Röllchen geschnitten
400 g Krabbenfleisch
1 Zitrone

1   Von den noch warmen Kartoffeln jeweils waagerecht einen Deckel abschneiden und diese innen etwas aushöhlen. Deckel mit der Schnittfläche in heißem Öl leicht knusprig braten, dabei salzen, pfeffern.

2   Eier in einer Schüssel mit der Sahne aufschlagen. Mit Salz und Pfeffer abschmecken.

3   Butter in der Pfanne erhitzen und die Eier darin stocken lassen, dabei die Schnittlauchröllchen zugeben und untermengen.

4   Rührei in die Kartoffeln füllen. Portionsweise mit dem Krabbenfleisch bestreut und mit dem Kartoffeldeckel servieren. Dazu Zitrone reichen.

NORDLICHT IM GLAS:

LABSKAUS

ZUTATEN

Für 4 Personen

Für das Labskaus:
600 g mehligkochende
Kartoffeln
750 ml Fond
1 Zwiebel
70 g Butter
200 g Corned Beef
150 g Rote Bete aus dem Glas
100 g Gewürzgurken
1 Lorbeerblatt
1 Nelke
100 ml Gurkenwasser
Salz, Pfeffer

Zum Anrichten:
4 Spiegeleier
4 Rollmöpse
Cornichons
Rote Bete aus dem Glas

1   Kartoffeln schälen, vierteln, in einem Topf mit dem Fond weich kochen. Die Zwiebel schälen und fein würfeln. Butter in einem Topf erhitzen und darin bei mittlerer Temperatur die Zwiebel farblos anschwitzen. Corned Beef in Würfel schneiden, zufügen und kurz mit anschwitzen. Rote Bete und Gewürzgurken würfeln, mit Lorbeer und Nelke zufügen und etwas von der Kartoffelbrühe abnehmen und aufgießen.
Bei geschlossenem Deckel etwa 10 Minuten leicht köcheln lassen, dann Lorbeer und Nelke entfernen.

2   Die fertig gekochten Kartoffeln abgießen, Brühe dabei auffangen.

3   Die Kartoffeln mit der Mischung aus Zwiebeln, Corned Beef, Gewürzgurken und Roter Bete mit einem Kartoffelstampfer zu einem nicht zu feinen Mus stampfen. Das Mus mit Gurkenwasser und etwas Kartoffelbrühe nach Geschmack untermischen und das Labskaus mit Salz und Pfeffer abschmecken.

4   Das Labskaus in Einmachgläser füllen und je ein Spiegelei daraufsetzen. Portionsweise mit Rollmops, Cornichons und Scheiben von Roter Bete servieren.

DESSERT

MASCARPONE-MOUSSE

AUF APRIKOSEN-KOMPOTT

ZUTATEN

Für 4 Personen

Für die Mousse:
4 Blatt weiße Gelatine
4 Eigelb
100 g Zucker
600 g Mascarpone
2 cl Amarettolikör
400 ml geschlagene Sahne

Für das Aprikosen-Kompott:
100 g Zucker
2 cl Apricot-Brandy
250 ml Orangensaft
1 Zimtstange
300 g frische Aprikosen,
in Spalten
Speisestärke zum Binden

Für das Minzpesto:
½ Bund frische Minze
200 ml mildes Olivenöl
50 g Pistazienkerne
2 EL Puderzucker

Außerdem:
Minzeblättchen, Beerenpüree
und Vanillesauce zum
Garnieren

1   Für die Mousse Gelatine nach Packungsanweisung einweichen. Eigelbe und Zucker schaumig aufschlagen. Mascarpone mit Amaretto glatt rühren und mit der Eigelbmasse vermischen. Gelatine tropfnass im Topf auflösen. Zuerst 2–3 EL der Mascarponecreme hineinrühren. Dann diese Mischung unter die restliche Creme rühren. Geschlagene Sahne locker unterheben. Masse in eine flache Schale geben, ca. 6 Stunden kalt stellen, bis sie fest geworden ist.

2   Für das Aprikosen-Kompott Zucker karamellisieren und mit Brandy und Orangensaft ablöschen. Zimtstange und Aprikosenspalten zugeben. Aufkochen lassen und mit wenig, in Wasser angerührter Speisestärke binden. Auskühlen lassen.

3   Für das Minzpesto Minzeblättchen, Olivenöl, Pistazien und Puderzucker im Mixer pürieren.

4   Zum Servieren das Kompott auf Tellern verteilen, Nocken von der Mousse abstechen und daraufsetzen. Mit etwas Vanillesauce rundherum garnieren und darauf etwas Minzpesto träufeln.

Mit Minzeblättchen und eventuell einigen Fruchtspiegelpunkten aus Beerenpüree und Vanillesauce garnieren.

KOKOSPARFAIT

ON THE ROCKS

ZUTATEN

Für 4 Personen

500 ml Kokosmilch
500 ml flüssige Sahne
5 Eigelb
75 g Zucker
1 Schuss Batida de Coco
2 cl Kokossirup
500 g geschlagene Sahne
4 Kokosnusshälften
100 g Zartbitter-Kuvertüre
Limettenblätter
Puderzucker

1   Kokosmilch und flüssige Sahne zur Hälfte einkochen lassen. Eigelbe und Zucker in einer Metallschüssel im heißen Wasserbad hellcremig aufschlagen. Kokos-Sahnemischung unterrühren. Batida de Coco und Kokossirup zugeben, Masse kalt schlagen. Geschlagene Sahne mit einem Schneebesen unterheben.

2   Masse auf 4 Kokosnusshälften verteilen, im Gefrierschrank über Nacht gefrieren lassen.
Kuvertüre hacken, in einer Metallschüssel über heißem Wasserbad schmelzen. Schalen mit dem Parfait aus dem Gefrierschrank nehmen.

3   Vor dem Servieren Kuvertüre darauf verteilen, wieder in den Gefrierschrank geben und die Kuvertüre kurz anfrieren lassen. Schalen herausnehmen, auf Crushed-Ice servieren. Mit Limettenblättern und nach Wunsch einigen Blüten garnieren. Mit Puderzucker bestäuben.

SCHOKOKÜCHLEIN

MIT KARAMELLSAUCE

ZUTATEN

Für 6 Stück

Für die Küchlein:
170 g Zartbitter-Kuvertüre
170 g weiche Butter
3 Eier
225 g Zucker
90 g Mehl
6 Förmchen à 125 ml
Puderzucker zum Bestäuben

Für die Karamellsauce:
125 g Zucker
125 ml Milch
125 ml Sahne
2 cl Baileys

Außerdem:
Fruchtkompott der Saison
(z. B. Kirschen)
Eiscreme
Schokoblätter

1 Für die Küchlein Kuvertüre hacken, mit der Butter in einem Topf unter Rühren langsam schmelzen. Eier und Zucker in einer Metallschüssel über heißem Wasserbad dicklich, hellcremig schlagen. Lauwarme Kuvertüre-Buttermischung untermischen. Mehl darübersieben, kurz unterrühren.

2 Masse in 6 gefettete, am Boden mit Backpapier ausgelegte Förmchen füllen. Im heißen Ofen bei 180 Grad, mittlere Schiene 18–20 Minuten backen. Im Kern sollten sie noch weich sein. Lauwarm abkühlen lassen.

3 Für die Sauce Zucker im Topf karamellisieren. Mit Milch und Sahne ablöschen, etwas einkochen lassen. Mit Baileys abschmecken und auskühlen lassen.

4 Zum Servieren Schokoküchlein aus den Förmchen lösen, auf Teller setzen, mit Puderzucker bestäuben. Karamellsauce angießen. Mit Fruchtkompott, Eiscreme-Nocken und Schokoblättern garnieren.

DAZU PASST EIN

2007
Riesling
Dorsheim Pittermänchen
Auslese
Schlossgut Diel

ZWEIERLEI SCHOKOMOUSSE

ZUTATEN

Für 4 Personen

Für die weiße Mousse:
3 Blatt weiße Gelatine
250 g weiße Kuvertüre
4 Eigelb
75 g Zucker
500 g geschlagene Sahne
2 TL Bacardi-Rum

Für die Vollmilch-Schokomousse:
250 g Vollmilch-Kuvertüre
4 Eigelb
75 g Zucker
500 g geschlagene Sahne
2 TL Bacardi-Rum

Für das Minzpesto:
½ Bund frische Minze
200 ml mildes Olivenöl
50 g Pistazienkerne
2 EL Puderzucker

Außerdem:
Vanillesauce
Fruchtkompott der Saison
(z. B. Pflaumen)

1 Für die weiße Mousse weiße Kuvertüre hacken, in einer Metallschüssel über heißem Wasserbad schmelzen. Gelatine nach Packungsanweisung einweichen. Eigelbe und Zucker in der Schüssel über heißem Wasserbad dicklich hellcremig aufschlagen. Gelatineblätter darin einzeln tropfnass auflösen. Kuvertüre unterschlagen. Masse kalt schlagen. Geschlagene Sahne unterheben. Masse in eine flache Schale geben, ca. 6 Stunden oder über Nacht kalt stellen, bis sie fest geworden ist.

2 Für die Vollmilch-Schokomousse Kuvertüre hacken, in einer Metallschüssel über heißem Wasserbad schmelzen. Herausnehmen. Eigelbe und Zucker in der Schüssel über heißem Wasserbad dicklich hellcremig aufschlagen. Kuvertüre unterschlagen. Masse kalt schlagen.

Geschlagene Sahne unterheben. Masse in eine flache Schale geben, ca. 6 Stunden oder über Nacht kalt stellen, bis sie fest geworden ist.

3 Für das Minzpesto Minzeblättchen, Olivenöl, Pistazien und Puderzucker im Mixer pürieren.

4 Von der weißen und Vollmilch-Schokomousse Nocken abstechen und portionsweise auf Fruchtkompott mit etwas Minzpesto und Vanillesauce servieren.

Nach Wunsch mit Blüten garnieren.

FISCHFOND

ZUTATEN

250 g weißes Gemüse,
Zwiebel, das Weiße vom
Lauch, Fenchel, Sellerie,
Champignons
Olivenöl zum Dünsten
1 kg Karkassen von
Weißfischen
2 Lorbeerblätter
2–3 Nelken
10 Wacholderbeeren
250 ml Weißwein
4 Thymianzweige

Gemüse waschen, putzen und etwas zerkleinern. In heißem Olivenöl im breiten Topf unter Rühren glasig andünsten.

Karkassen und restliche Zutaten zugeben, alles mit kaltem Wasser bedecken und langsam aufkochen lassen, dabei immer wieder mit einer Schaumkelle die Trübstoffe abschäumen.

Insgesamt 20 Minuten leicht köcheln lassen (nicht sprudelnd!), dann durch ein Tuch passieren.

REMOULADE

ZUTATEN

1 Ei
150 ml Pflanzenöl
25 g Kapern
50 g Cornichons
3 Sardellenfilets
½ Bund Petersilie
½ Bund Kerbel
Salz
Pfeffer

1 frisches kaltes Ei mit 150 ml Pflanzenöl in einem schmalen, hohen Gefäß mit einem Schneidstab kurz mixen, bis eine Mayonnaise entsteht. Kalt stellen. 25 g Kapern, 50 g Cornichons und 3 Sardellenfilets abtropfen lassen, dann fein hacken. Je ½ Bund Petersilie und Kerbel fein hacken. Alles mit der Mayonnaise verrühren, mit Salz und Pfeffer abschmecken.

FISCHRAGOUT

FÜRS PERSONAL

ZUTATEN

Für 4 Personen

Für die Fischsauce:
125 ml trockener Weißwein
300 ml Fischfond, siehe
linke Seite
150 ml Sahne
2 cl Noilly Prat,
französischer Wermut
2 cl Pernod
1 Spritzer Tabasco
Saft von ½ Zitrone
Speisestärke zum Binden

Für das Ragout:
600 g Fischfiletwürfel,
möglichst festes Fleisch
2 kleine Zwiebeln, gewürfelt
1 TL Knoblauch, gehackt
100 g rote oder gelbe Paprika,
gewürfelt
100 g kleine Champignons
1–2 Frühlingszwiebeln, in
Ringen
10 Kirschtomaten, halbiert
Salz, Pfeffer

1   Zuerst für die Fischsauce in einem Topf den Weißwein um die Hälfte einkochen lassen. Restliche Saucenzutaten zugeben, dabei mit etwas Zitronensaft abschmecken. Aufkochen. Ragoutzutaten zugeben, alles bei niedriger Hitze ca. 10 Minuten ziehen lassen. Mit Salz, Pfeffer und eventuell noch etwas Zitronensaft abschmecken.

2   Nach Geschmack mit etwas in Wasser angerührter Speisestärke binden.

Eigentlich mögen Köche einfache Gerichte wie Currywurst und Co., aber dieses Fischragout ist bei den Marlin-Mitarbeitern auch beliebt.

143

Edel:Books
Ein Verlag der Edel Germany GmbH

Copyright © 2012 Edel Germany GmbH, Hamburg
www.edel.com
1. Auflage 2012

Herausgeber, Redaktion und Produktion: Henning Seehusen
Fotografie: Brigitte S. Werner
Reportagefotos und Text: Peter Wahl
Rezepte: Harald Paulus Mitarbeit: Boris Lechner, Rocco Volcano
Satz und Layout: Frische Grafik, Hamburg
Umschlaggestaltung: Groothuis, Lohfert, Consorten, Hamburg | www.glcons.de

Printed in Germany

Druck und Bindung: optimal media GmbH, Röbel

ISBN 978-3-8419-0107-1